초등 교사들이 쓴

초등생을 위한 한국사

쑥쑥 한국사 1

김경수, 김충배, 장성익, 이동규, 이민형

초등 교사들이 쓴
초등생을 위한 한국사

쏙쏙 한국사 1

김경수, 김충배, 장성익, 이동규, 이민형

선사시대부터 고려시대까지

간행사

- 책을 내면서 -

역사를 처음 접하는 여러분들은 역사란 무엇이라고 생각하나요? 드라마에서 봤던 주몽, 이성계와 같은 인물들의 이야기가 역사라고 생각할 수도 있고, 고구려, 백제, 신라 같은 나라의 이야기를 역사라고 생각할 수도 있을 겁니다. 사실 역사가 무엇인지에 대해서는 어른들 사이에서도 하나로 답하기가 어려운 질문이에요.

하지만 여기 대부분의 역사학자와 선생님들이 공감하는 말이 있습니다.

'역사란 현재와 과거의 끊임없는 대화이다.'
'역사를 잊은 민족에게 미래는 없다.'

이 두 가지 입니다.

첫째는 유명한 역사학자인 에드워드 카가 한 말이고, 두 번째 말은 우리나라의 독립운동가이자 역사학자인 단재 신채호 선생님이 강조했던 말입니다.

넓고 복잡한 이 세상에서 끊임없이 앞으로의 길을 고민하고 움직여야 할 때, 우리 조상들은 과거에 어떤 상황에서 어떤 판단을 했는지, 또 어떤 과정을 거쳐서 지금의 세상이 만들어졌는지 역사라는 네비게이션을 참고할 수 있을 거예요. 만약 잘못된 길을 반성 없이 다시 간다면 우리는 또 다시 막힌 길을 만날지 모릅니다. 여기에 우리가 역사를 잊지 않고 공부해야하는 이유가 있습니다.

문자가 생기고 역사가 기록되어 온 수 천년의 시간 동안 과거에 살던 많은 사람들은 자신이 직접 경험했거나, 과거에 다른 사람이 남겨 놓은 기록들을 찾아 정리하고 자신의 생각을 적어놓았어요. 이러한 자료를 '사료'라고 해요. 역사가들은 사료를 읽고서 과거에 어떤 나라들이 있었고, 그 나라들에 살던 사람들이 어떻게 생활하였으며, 어떤 중요한 사건들이 있었는지를 역사책으로 만들었지요.

여러분이 학교에서 정식으로 역사를 배울 수 있도록 만든 교과서에는 이러한 역사책의 내용들 중 우리 역사의 흐름을 대략적으로 알 수 있도록 중요한 내용들이 정리되어 있답니다. 허나 워낙에 방대한 양의 내용을 한정된 교과서에 정리해 놓다보니 여러분이 읽을 때 그 흐름이나 내용이 잘 이해가지 않을 수도 있을 거예요. 아니면 어느 부분의 내용은 더 자세히 알아보고 싶을 수도 있고요.

이 책은 교과서에서 다루는 우리나라의 역사를 이야기 형식으로 풀어서 좀 더 쉽게 이해할 수 있도록 쓴 책이에요. 마치 선생님이 여러분 옆에서 교과서의 내용을 잘 풀어서 이야기로 알려주듯이 쓴 책이지요. 또한 교과서에서 요약하여 정리한 내용을 더욱 자세하게 다양한 사진과 시청각 자료까지 덧붙여 알려주고자 했어요. '더 알아보기'나 '학습 활동지', '학습 자료'와 같은 내용들을 보면 교과서의 내용들보다 더욱 풍부한 역사 자료들이 들어있을 거예요.

상단 왼쪽부터
이민형(백암초), 김경수(계성초), 장성익(서울 봉현초),
이동규(서울 신도초), 김충배(계성초) 선생님

또한 여러분에게 더 자세한 역사 이야기를 들려주고 싶지만 글로는 모두 설명하기 어려운 부분들, 더 생동감 있게 역사를 전해주고 싶은 사건들은 'QR코드'를 통해 동영상으로 만날 수 있도록 넣어놨어요. 여러분이 가지고 있는 핸드폰으로 QR코드를 열어보세요. 재미있고 알찬 동영상들이 책 내용을 더 쉽고 자세하게 이해할 수 있도록 도와줄 겁니다.

부족함이 많지만 이 책을 만드는 데에는 학생들에게 역사는 교과목 이상의 의미가 있다고 생각하는 5명의 현직 선생님들이 함께 했습니다. 그리고 이 책이 나올 수 있도록 도와주신 많은 분들이 계십니다. 특히 서울교육대학교 대학원 강당에서 사제의 연으로 만나 역사란 무엇인지 큰 가르침을 주시고, 이 책을 시작할 수 있게 이끌어주신 故(고)장득진 교수님(전 국사편찬위원회 편사연구관)께 깊은 감사를 드립니다. 또한 어려운 상황에서도 책이 출판될 수 있도록 힘써주신 주류성 출판사의 최병식 대표님에게 감사의 뜻을 전합니다.

여러분! 자신의 뿌리를 알고, 올바른 역사를 인식하는 것이 미래의 주역으로 성장할 여러분들에게 꼭 필요한 일입니다. 또한 중학교 2학년이 되기 전에 이 책을 정독한 친구들은 더욱 쉽고 재미있게 중등 한국사를 다시 만나게 될 거예요. 이 책을 통해 여러분이 우리 역사에 더욱 관심과 애정을 가지고, 세상을 바라보는 지혜를 얻기 바랍니다.

2021. 10. 여러 필자를 대신하여

김경수 씀

차 례

1 구석기 시대와 신석기 시대의 생활

1. 우리 조상, 그들은 누구인가

오래전부터 우리 조상들은 한반도와 만주 지역을 생활 터전으로 살아왔습니다. 구석기 시대의 유물을 통해서 약 70만 년 전부터 이 지역에서 사람들이 살기 시작한 것을 알 수 있지요.

그렇다고 이들이 우리의 직접적인 조상인지는 알 수 없어요. 당시는 날씨가 추운 빙하기로 중국, 한반도, 일본이 모두

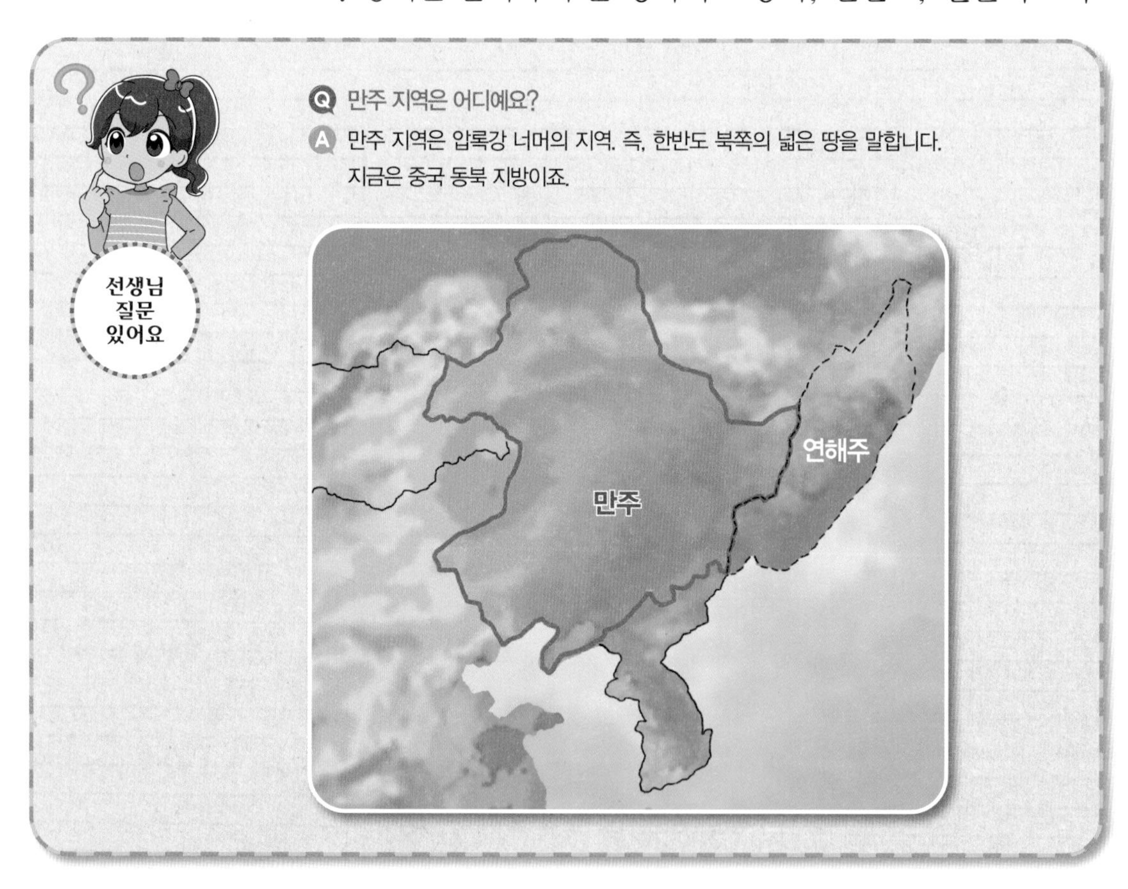

육지로 연결되어 있었고, 먹을 것을 찾아 여기저기 이동하며 살았기 때문입니다.

약 1만 년 전, 신석기 시대가 되어서야 날씨가 따뜻해지면서 지금과 같은 한반도의 환경이 만들어졌어요. 사람들은 본격적으로 농사를 짓고 마을을 이루며 살기 시작했지요. 이때부터 우리 한민족의 기틀이 이루어지고, 우리 문화가 만들어졌다고 여겨집니다.

수천 년이 흐르면서 이 지역에는 비파형 동검과 고인돌로 대표되는 **청동기 문화**가 나타났어요. 이 문화의 주인공들이 한민족의 주류를 형성한 것으로 보입니다. 이러한 청동기 문화를 바탕으로 **우리 민족 최초의 국가**인 **고조선**이 세워졌어요.

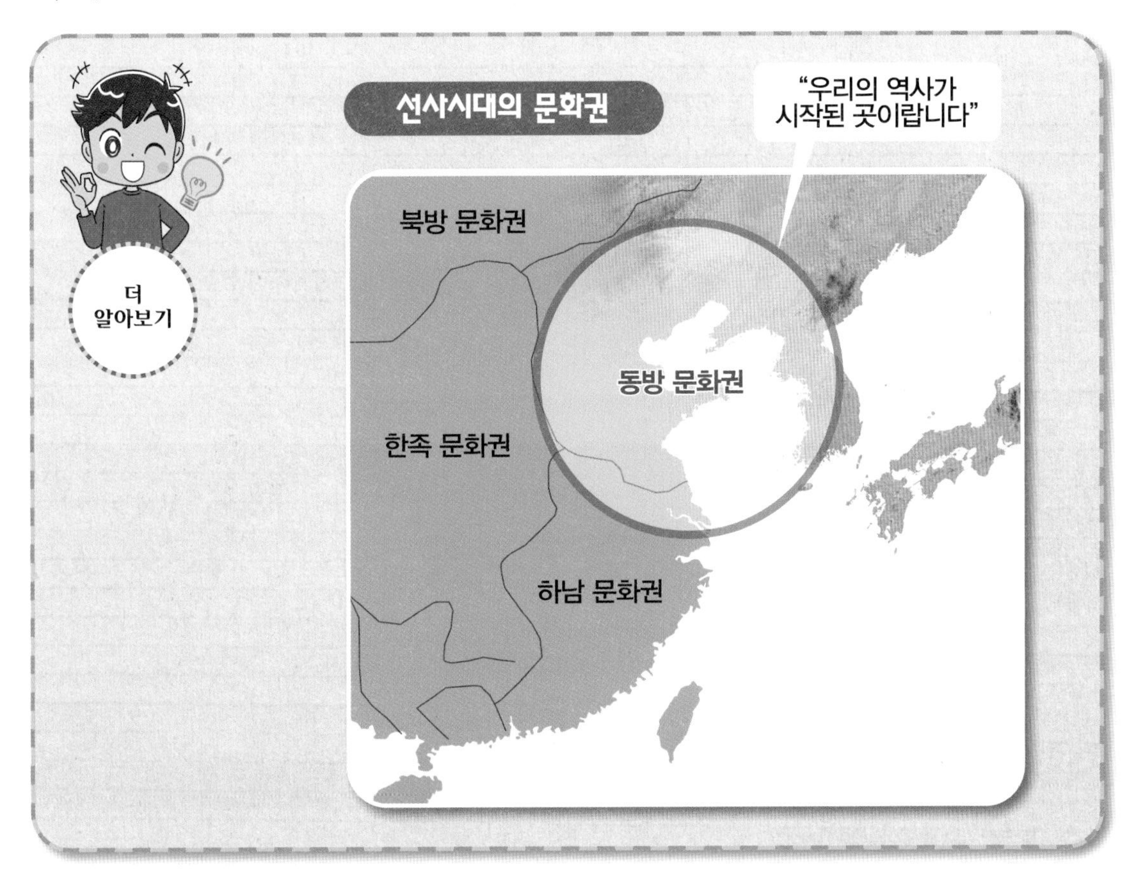

2. 구석기인, 돌을 떼어내 도구를 만들다

우리나라에서 사람들의 흔적이 발견되는 시기는 약 70만 년 전 부터입니다. 구석기 시대는 글로 쓰여있는 기록이 없기 때문에 **역사 이전의 시대**라는 뜻에서 **선사 시대**라고 불려요.

선사 시대는 발견된 유물과 **유적**으로 그 당시 사람들이 어떻게 생활했는지 알 수 있는 시대예요. 그럼 구석기 시대[1]에 대해 알아봅시다.

구석기 사람들은 동물을 사냥하고 주변 식물에서 열매를 따거나 뿌리를 캐서 먹을거리를 구했어요. 이를 위해서는 먹을거리를 손질할 수 있는 도구가 필요했습니다. 사람들

1) 석기 시대 : 돌로 도구를 만들어 사용하던 시기로 구석기와 신석기 시대로 나뉨.

▲ 구석기 시대 석기들(국립나주박물관)

▲ 단양금굴(충북) : 우리나라에서 가장 오래된 구석기 시대 동굴

은 돌과 돌을 서로 부딪치면 돌이 깨지면서 날카로운 조각이 생기는 것을 발견했는데, 이런 방식으로 만든 도구를 **뗀석기**라고 해요. 뗀석기는 동물의 가죽을 벗기거나 식물을 다듬을 때에도 편리하게 사용했습니다.

구석기인들의 하루

"잡아라! 멧돼지가 저쪽으로 간다."

구석이는 오늘도 사냥을 하기 위해 어른들과 산에 왔어요. 오랫동안 사냥에 실패해서 나무 열매와 뿌리만 먹고 지내 이번에는 꼭 사냥에 성공하고 싶었어요. 구석이는 한쪽에서 멧돼지가 오기를 기다렸어요.

"구석아~ 그쪽으로 간다. 주먹도끼를 던져 잡아!"

구석이에게 기회가 왔어요. 오른손에 잡고 있던 **주먹도끼**를 힘껏 던져 멧돼지를 맞혔어요.

그날 저녁 구석이네 가족은 동굴에 모여 불에 고기를 구워 먹었어요.

"그냥 날 것으로 먹는 것보다 불에 구워 먹으니 훨씬 더 맛있어요."

가족들은 오랜만에 고기를 먹을 수 있어 즐거웠습니다.

"내일은 아침 일찍 큰 강 너머 골짜기로 가야 하니 일찍 자자."

구석이네 가족이 사는 곳은 점차 동물을 잡기가 힘들고 나무 열매도 부족해 졌어요. 그래서 먹을 것을 구하기 위해 다른 곳으로 가야 했어요.

▲ 상시 바위 그늘(충북, 단양)

▲ 주먹도끼가 발견된 연천 전곡리 유적지

구석기 사람들은 먹을거리를 찾아 끊임없이 이동하면서 살았어요. 한 곳에 오래 살다보면 주변의 동물과 식물의 열매, 뿌리 등이 부족해졌기 때문입니다. 자주 이동을 했기 때문에 집을 짓는 데 많은 시간을 쓰는 것은 큰 낭비였어요.

동굴이나 바위 그늘, 나무줄기로 얽어 만든 **막집** 등이 추위와 비바람을 막는 데 알맞았지요. 우리나라 강가 주변의 동굴에서 구석기 시대의 유물들이 많이 발견되고 있는 것은 이런 이유 때문이에요.

처음에 구석기 사람들은 동물의 고기를 익히지 않고 날것으로 먹었어요. 그러다가 점차 불을 사용하면서 고기를 익혀 먹기 시작했습니다. 익혀 먹은 고기는 맛이 좋고 소화도 잘 되었기 때문에 사람들은 불을 소중히 여겼어요. 불은

▲ 연천 전곡리 선사 박물관

▲ 공주 석장리 구석기 유적

동굴이나 막집에서 추운 날씨와 위험한 동물로부터 사람들을 보호하는 데도 이용되었지요.

우리나라의 구석기 유적지는 공주 석장리와 연천 전곡리가 잘 알려져 있습니다. 연천 전곡리 유적에서는 1978년 그렉 보웬이란 미군 병사가 한탄강가에서 모양이 특이한 돌을 발견했어요. 대학에서 고고학[1]을 공부했던 그렉보웬은 자신이 발견한 것을 전문가들에게 알렸습니다. 그 돌은 구석기 시대의 대표적인 유물인 **주먹도끼**로 밝혀졌지요.

1) 고고학 : 인류가 남긴 유물과 유적을 연구하는 학문.

▲ 구석기 사람들의 생활 모습

▲ 주먹도끼

Q 구석기 시대에는 토기가 없던데, 이 때는 토기나 그릇을 사용하지 않았나요?

A 토기 유물은 신석기 시대부터 발견되었어요.
오래된 유물들의 시대는 방사선 동위원소 측정법이라는 과학기술로 정확히 알 수 있지요. 인류의 초기인 구석기 시대 사람들은 이동생활을 하며 사냥과 채집으로 먹거리를 구하였기 때문에 그릇이 그다지 필요하지 않았을 거예요. 하지만 신석기 시대 사람들은 농사를 짓기 시작하면서 그 수확물을 담아 놓는 그릇이 필요하여 다양한 토기를 만들었답니다.

이 주먹도끼는 유럽에서 발견된 형태의 주먹도끼 유물이 동아시아에서 처음으로 발견된 것으로 큰 의미가 있답니다. 우연한 발견이 세계적으로 구석기 시대에 대한 역사를 바꾸어 놓았지요. 그 후로 전곡리에서는 더 많은 구석기 유물과 유적이 발견되어 세계적인 구석기 유적지가 되었답니다.

3. 신석기인, 간석기를 만들고 농사를 짓다

오랜 세월이 흐르면서 한반도의 날씨가 점점 따뜻해졌어요. 날씨가 따뜻해지면서 한반도의 들과 강에 열매와 물고기 등 먹을거리가 풍부해졌지요. 그러면서 인구도 같이 늘어나 이전의 방식만으로 식량을 해결하기 어렵게 되었어요. 그러다 이를 해결하기 위해 새로운 방법을 찾아냈는데, 그것이 농경[1]의 시작이었답니다.

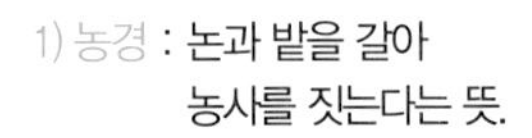

1) 농경 : 논과 밭을 갈아 농사를 짓는다는 뜻.

▲ 갈판과 갈돌: 곡식이나 딱딱한 열매 등을 가는 신석기 시대의 대표적인 유물

사람들은 산과 들에 자라 있는 식물의 열매와 뿌리를 채집하는 것에서 그치지 않고 직접 키우기 시작했습니다. 농작물을 많이 얻기 위해서는 밭의 흙을 부드럽게 해서 씨가 잘 자라도록

▲ 가락바퀴와 뼈바늘(국립춘천박물관)

▲ 신석기 시대의 농기구들(국립중앙박물관)

해 주어야 해요. 밭의 흙을 부드럽게 고르기 위해서는 뗀석기보다 더 정교한 도구가 필요했습니다. 그래서 돌을 갈아서 만든 간석기[2]를 사용하기 시작했어요. 돌칼, 돌도끼, 돌괭이 등의 간석기는 농사와 생활에 편리함을 주었어요. 사람들이 스스로 **농경**으로 식량을 해결한 것은 인류 생활상에 커다란 변화를 일으켰기에 **신석기 혁명**이라고 불려요. 신석기 시대에는 주로 조와 수수 같은 곡식을 키웠지요. 또한, 신석기 사람들은 가락바퀴를 이용하여 실을 뽑았고, 옷을 만드는 데 뼈바늘을 사용했답니다.

2) 간석기 : 돌의 필요한 부분을 갈아 만든 석기. 신석기, 청동기 시대에 사용됨.

신석기 시대에는 농사뿐만 아니라 동물도 기르기 시작했어요. 집에서 기르는 소, 개, 돼지, 닭 등의 **가축**들이 이때부터 사람 손에 길러지기 시작했지요. 한 마을 안에서 사람들이 해야 할 일들이 많아지면서 **마을 공동체**의 중요성이 커졌습니다. 농사를 잘 짓기 위해 아침부터 저녁까지 사람들의 일손이 많이 필요했기 때문이에요. 농사에 필요한 일손을 모으기 위해 가족과 친척들이 모여 마을을 이루어 살면서

▲ 가락바퀴를 사용하는 모습 (국립춘천박물관)

▲ 빗살무늬 토기 : 신석기 시대의 대표적인 토기

Q 토기 바닥이 왜 뾰족해요?

A 밑쪽이 뾰족한 이유는 신석기인들이 주로 살던 강가나 바닷가의 모래바닥에 쉽게 박아 세워놓을 수 있었기 때문이라고 해요.

서로 도움을 주었답니다.

사람들이 마을을 이루어 한곳에 오래 살게 되면서 **움집**을 만들었어요. 움집은 둥글게 가운데를 파고 그 주변에 기둥을 세워 풀로 그 위를 덮었지요. 움집 가운데 바닥에는 불을 피우는 구덩이를 만들어 집 안을 따뜻하게 했습니다.

농사로 먹을거리가 풍부해진 사람들은 이를 저장하거나 조리하기 위해 토기를 만들었어요. 흙이 불의 뜨거운 열에 단단해지는 것을 발견한 후로 진흙으로 모양을 만들고, 불에 구워 단단한 토기를 만들어 사용했지요. 오늘날 신석기 유적지에서는 **빗살무늬 토기**가 많이 발견되고 있답니다.

신석기 유적지로는 서울 암사동 선사 유적지가 대표적이에요. 한강 주변의 암사동 유적은 홍수가 나면서 우연히 발견된 곳으로 많은 빗살무늬 토기와 움집터가 발견되었습니다.

▲ 서울 암사동 선사유적지의 움집 터와 움집

신석기 사람들의 생활 모습
움집
갈돌
갈판
화덕
빗살무늬 토기

1 구석기 시대와 신석기 시대의 생활 모습을 비교해 봅시다.

구석기와 신석기 사람들의 생활 모습을 비교하여 아래에 정리해 보세요.

▲ 구석기 시대 생활 모습

▲ 신석기 시대 생활 모습

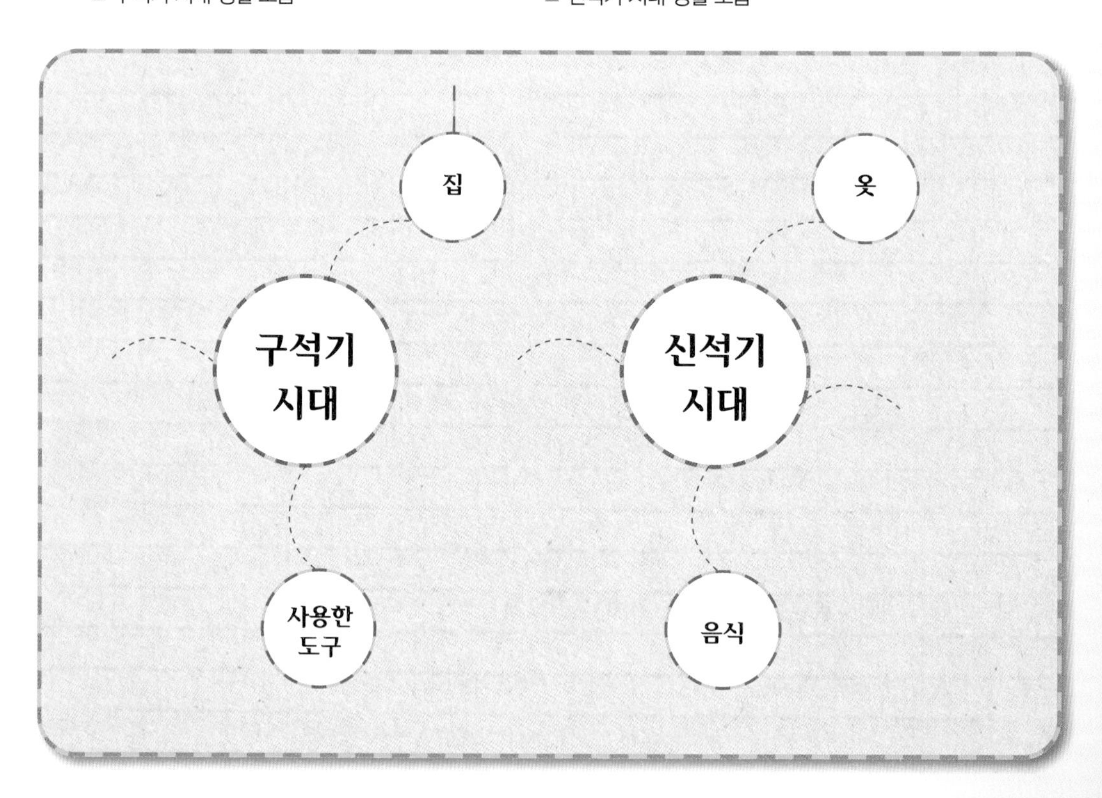

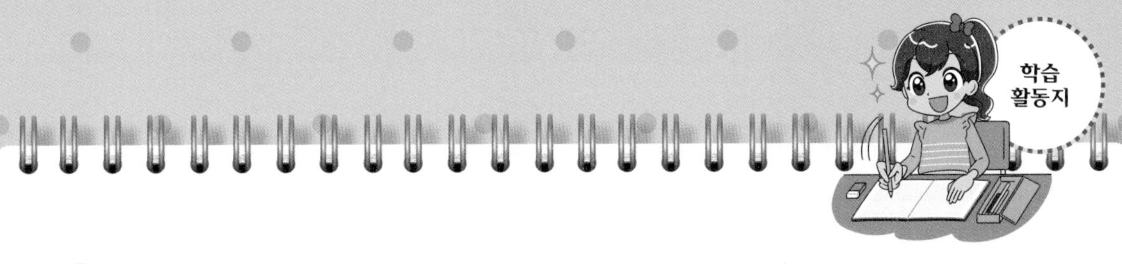

2 울산 대곡리 반구대 암각화를 보고, 물음에 답해 봅시다.

암각화란 선사시대 사람들이 바위에 그린 그림을 말합니다. 우리나라에도 경상남도 울주군 언양면 대곡리에 가면 선사시대의 모습을 살필 수 있는 암각화가 있습니다. 바로 '울산 대곡리 반구대 암각화'지요. 그림이 집중된 곳의 크기만 따져도 너비 10m, 높이 3m에 이른답니다.

선사시대(신석기~청동기)에 그려진 반구대 그림에는 다양한 동물이 그려져 있어요. 고래, 거북, 물개 등 바다 동물부터 사슴, 멧돼지, 호랑이, 여우, 늑대, 족제비 등 육지동물까지 수많은 동물들이 확인되고 있지요. 또한 짐승을 사냥하는 사냥꾼, 배를 타고 고래를 잡는 어부 등의 모습도 묘사되어 있답니다.

동물과 사냥장면을 실감나게 표현한 암각화는 선사시대 사람들의 생활과 풍습을 알 수 있는 최고의 미술작품이자 소중한 문화유산으로 평가됩니다.

(1) 선사시대 사람들은 왜 이러한 암각화를 그렸을까요?

(2) 우리가 선사시대 사람들의 생활모습을 알 수 있는 까닭은 무엇인가요?

(3) 선사시대 사람들의 생활모습을 알 수 있는 다른 문화유산을 찾아서 소개해 봅시다.

1 주먹도끼 최초 발견자 그렉 보웬을 만나다

경기도 연천군 전곡리 일대에서 아슐리안(Acheulean) 주먹도끼[1]를 발견, 한국의 구석기 역사를 뒤바꿔 놓은 미국인 그렉 보웬 씨가 28년 만에 한국을 방문하여, 역사의 현장을 찾았다. 지난 1974년부터 4년간 동두천 주둔 미 2사단 공군 부대에 근무했던 보웬씨는 1977년 봄 부인 상미 보웬씨와 한탄강 유원지에 놀러 왔다가 특이하게 생긴 돌멩이를 주워 당시 서울대 박물관장이던 김원룡 교수 등 전문가들에게 보내 한국에도 30만 년 전 전기 구석기 문화가 존재했음을 확인하는 계기를 만들어 준 사람이다.

보웬씨는 군에 입대하기 전 대학에서 고고학을 공부하던 고고학도였다. 넓적하고 예리한 모양의 아슐리안 주먹도끼는 상당한 가공 과정을 거쳐야 제작할 수 있는 것으로, 전곡리 일대에서 발견되기 전까지 동아시아에는 존재하지 않는다는 주장이 일반적이었다.

다음은 보웬 씨와 일문일답 내용이다.

Q 28년 만에 한국을 방문한 소감은?

A 한번 와 보고 싶었지만 건강이 안 좋아 오지 못했다. 당시에는 황량한 벌판이었는데 이렇게 바뀐 것을 보니 놀랍다. 초청해 준 연천군에 감사한다.

Q 주먹도끼 발견 당시 상황?

A 뛸 듯이 기뻤다. 강변에서 깨진 항아리 조각이나 돌들을 살폈는데 다듬은 흔적

1) 아슐리안 주먹도끼 : 타원형 또는 삼각형 모양으로 한 면이 아닌 전체 면을 다듬어 만든 돌도끼

이 있는 돌멩이가 발견돼 유물일 것으로 생각했다. 당시의 기쁨은 말로 표현할 수 없었다.

Q 평소 고고학에 관심이 많았나?

A 미국 애리조나 주립대에서 2년간 고고학을 전공하다 한국에 왔다. 어렸을 때부터 고고학에 관심이 많아 강과 산이 있는 장소에서 특이한 지층이 형성돼 있으면 유심히 살펴보곤 했다. 당시에도 강변의 돌조각을 살피다 주먹도끼를 발견하게 됐다.

Q 한국을 떠난 뒤로는 어떤 일을 했나?

A 대학에서 고고학을 계속 공부하여 박사 학위를 취득한 뒤 몸이 아파서 은퇴할 때까지 고고학과 관련된 일을 했다.

Q 당시 발견이 결국 한국의 큰 축제로 발전했는데?

A 인상적이고 흥미롭다. 단지 학계에서나 관심을 가질 줄 알았는데 이렇게 큰 지역 행사로 발전할 줄은 생각도 못 했다. 한국인들이 내 발견에 관심을 가져준 데 대해 고맙고 특히 내 발견에 대한 모든 것을 딸에게 보여 줄 수 있어 기쁘다.

〈출처 : 연합뉴스〉

▲ 전곡선사박물관 – 다양한 구석기 시대 유물이 전시되어 있습니다.

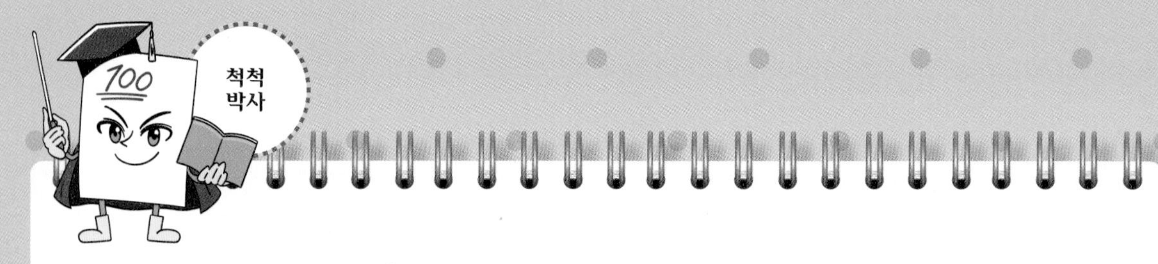

문제로 정리하기

1 구석기 시대의 대표적인 유물로 짐승을 사냥하고, 가죽을 벗기고, 땅을 파는 등 다양한 목적으로 사용된 도구는 무엇입니까?

[　　　　　　　　]

2 신석기 시대에 들어와서 채집과 사냥뿐만 아니라 스스로 식량을 해결할 수 있게 해 준 ○○ 가(이) 시작되었다. 이는 사람들의 삶을 크게 변화시켰다.

[　] [　]

3 신석기 시대 사람들이 곡식을 저장하기 위해 만든 토기는 무엇인가요?

[　　　　　　　　]

정답 **1** 주먹도끼 **2** 농사 또는 농경 **3** 빗살무늬 토기

MEMO

2 고조선 사회의 성립과 발전

1. 첨단 도구, 청동기가 만들어지다

청동기 시대에 들어서면서 농경이 발달하고, 농사를 지어 남은 곡식을 저장하면서 다른 사람들보다 잘 사는 사람들이 생겨났어요. 잘 사는 사람들이 마을에서 높은 **계급**을 가지게 되면서 다른 사람들을 지배하는 지도자가 되었지요.

힘과 풍부한 먹을거리를 가진 지배자들은 다른 마을로부터 주변을 보호하고, 생활에 필요한 여러 지식을 마을 사람들에게 알려주었어요. 또한 필요한 먹을거리나 동물들을 뺏어오기 위해 다른 마을에 쳐들어가기도 했지요. 마을 간의

청동기 시대 마을 모습

전쟁은 이렇게 시작되었답니다.

사람들은 **청동**으로 칼, 거울 같은 도구를 만들기 시작했어요. 청동기[1]는 돌로 만든 것보다 더 단단하고 날카로웠지만 재료를 구하고 만들기가 어려워 계급이 높은 지배자들이 사용했습니다.

1) 청동기 : 구리에 주석이나 아연을 섞어 불에 녹여 만든 금속으로 만든 그릇이나 기구.

지배자들은 자신들의 권위를 나타내기 위해 청동으로 된 칼을 들거나 장식품을 이용했지요. 농사와 사냥에는 여전히 돌과 나무로 만든 도구를 사용했습니다. 청동기는 재료를 구하기가 어려웠고 그것을 만들기도 어려웠기 때문입니다.

따비[2]로 땅을 갈아 농사짓는 사람의 모습

나뭇가지에 앉아있는 새의 모습(솟대[3])

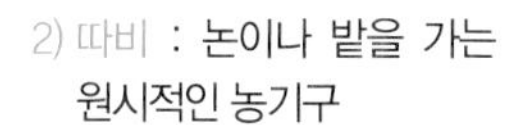

2) 따비 : 논이나 밭을 가는 원시적인 농기구

3) 솟대 : 민속 신앙에서 풍년을 기원하거나 마을의 수호신으로 긴 나무 장대 위에 새 조각을 올려놓은 것

▲ 농경문 청동기 앞면(국립중앙박물관)

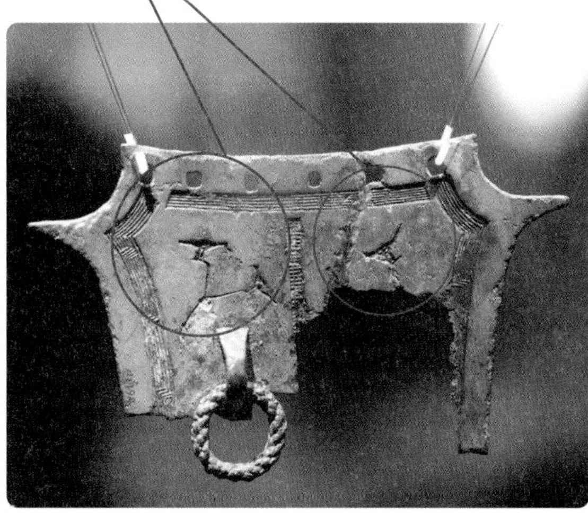

▲ 농경문 청동기 뒷면(국립중앙박물관)

▲ 탁자식 고인돌

▲ 바둑판식 고인돌

청동기 시대 사람들은 자신의 힘을 과시하기 위해 **고인돌**을 만들었어요. 고인돌을 만드는 데는 수많은 사람들의 노력과 시간이 필요했기 때문에 지배자와 같이 계급이 높은 사람들의 무덤으로 만들어진 것으로 여겨집니다.

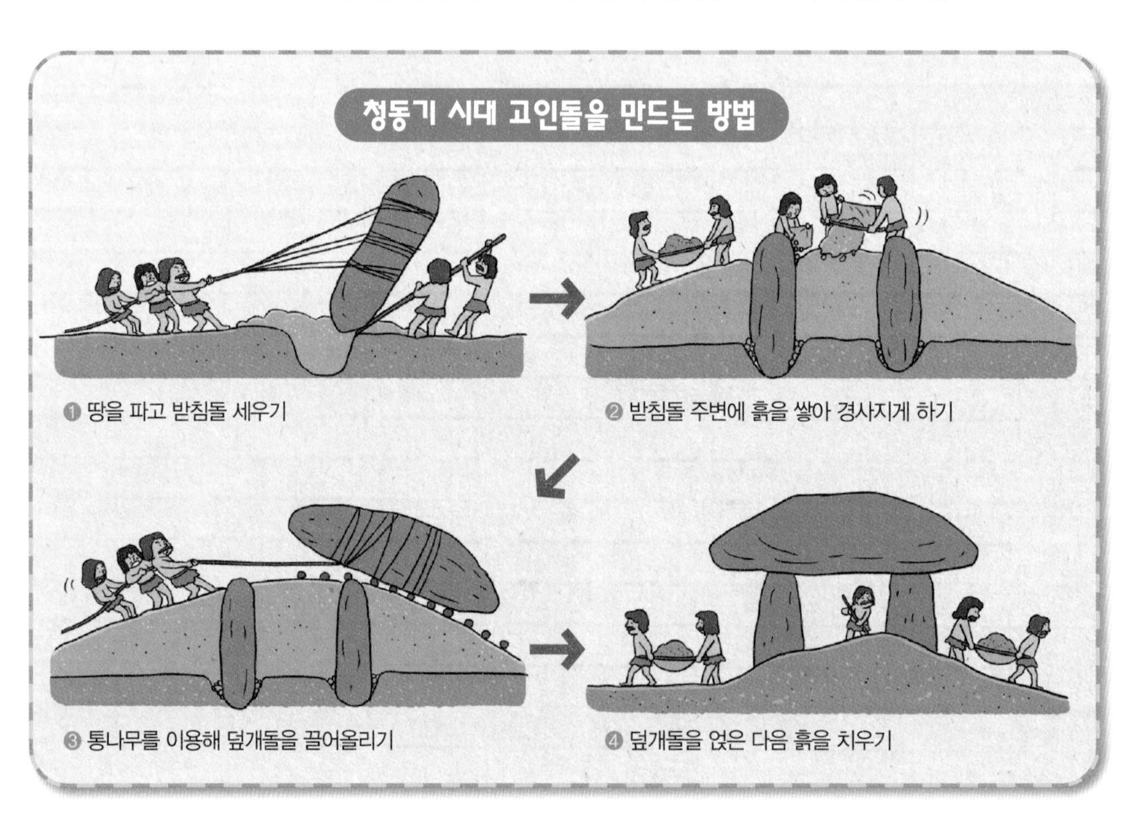

청동기 시대 집터 모습

충남 부여 송국리에서는 30여 채의 청동기 시대 마을 유적이 발견되었어요. 마을은 넓은 평야 지대에 위치해 있었고, 여러 형태의 움집과 함께 공동묘지도 확인되었지요. 평야 지대에 마을이 있었던 이유는 농사를 짓기 좋은 위치였기 때문이에요. 집자리 가운데 타원형 구덩이에서는 불을 피웠던 흔적도 발견되었어요.

▲ 화덕(불을 핀 흔적)

▲ 집터

2. 우리나라 최초의 국가인 고조선이 세워지다

신석기 → 청동기 → 철기

고조선 건국(기원전 2333년)　　고조선 멸망(기원전 108년)

1) 부족 사회 : 같은 가족으로 이루어진 씨족과 서로 다른 씨족이 하나로 합쳐진 더 큰 집단.

2) 비파 : 둥글고 긴 타원형의 몸체를 가지고 있는 동양의 현악기.

사람들은 농사를 지으며 같은 조상을 섬기고 같은 언어를 사용하는 생활 공동체인 부족 사회[1]를 이루게 되었습니다. 이러한 부족 사회가 점차 발전하면서 나타난 우리나라 최초의 국가가 **고조선**이랍니다.

고조선은 우수한 청동기 문화를 바탕으로 만주와 한반도 일대에서 큰 세력을 형성했어요. 그리고 고조선 사람들은 비파[2]처럼 생긴 **비파형 동검**을 만들어 사용했어요. 비파형 동검과 **미송리식 토기**, **탁자식 고인돌이** 발견된 지역을 보면 고조선의 세력 범위를 알 수 있습니다. 점차 청동을 만드는 기술이 발전하면서 더 단단하고 날카로운 **세형 동검**도 만들었지요.

다음 쪽의 〈청동검의 분포〉 지도에서도 알 수 있듯이 비파형 동검은 한반도 북부와 만주 지역에서 많이 발견되고 있고, 세형 동검은 주로 한반도에서 발견되고 있어요. 따라서 고조선의 세력이 시간이 흐르면서 만주 지방에서 한반도 지역으로 그 중심지를 옮겨갔음을 알 수 있습니다.

▲ 미송리식 토기

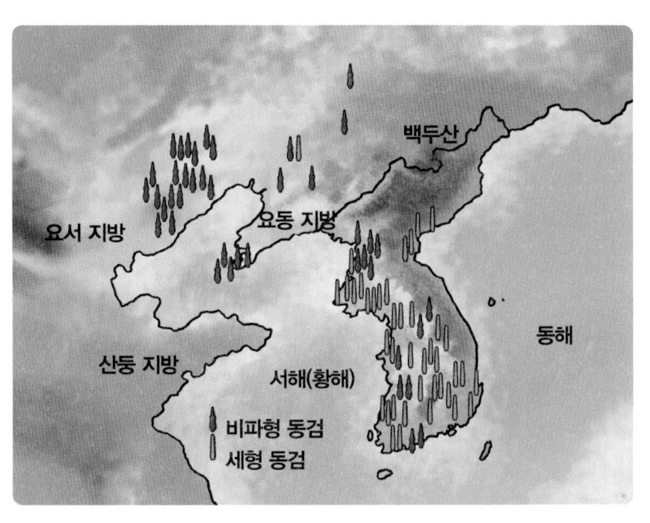

▲ 비파형 동검 ▲ 세형 동검 ▲ 청동검의 분포

고조선에서는 사람들이 생활에서 지켜야 할 법을 만들었어요. 생활에서 꼭 지켜야 할 8가지의 법이라고 해서 8조법이라고 해요. 현재는 그중에서 3가지의 법만이 전해져 오고 있어요. 이 3가지의 법은 고조선 사람들의 생활 모습을 알 수 있는 소중한 자료랍니다.

▲ 고조선의 8조법 : 법이 엄격하고, 사람의 생명과 노동력을 중요시 했답니다.
또 개인의 재산과 노비도 존재했음을 알 수 있지요.

★ 고조선 건국이야기 속, 숨은 뜻을 찾아서!

고조선의 건국 이야기는 고려 시대 승려인 일연이 쓴 '삼국유사'라는 책에 전하고 있어요.

하늘나라를 다스리는 환인에게 환웅이라는 아들이 있었어요. 환웅은 인간 세상으로 내려가 인간을 이롭게 하고 싶었지요(홍익인간[1]). 환인은 아들 환웅에게 하늘의 증표 세 개를 주어 내려가 다스리게 하였어요. ①환웅은 바람, 비, 구름을 다스리는 신하와 무리 3000여 명을 이끌고 태백산 꼭대기에 있는 신단수 아래로 내려와 인간의 일을 다스리기 시작했어요.

그러던 ②어느 날, 곰과 호랑이가 환웅을 찾아와 사람이 되고 싶다고 빌었어요. 환웅은 곰과 호랑이에게 쑥과 마늘을 주며 말했어요.

"마늘과 쑥만 먹고 100일 동안 햇빛을 보지 않으면 사람이 될 것이다."

곰과 호랑이는 동굴로 들어가 마늘과 쑥을 먹으며 견디었어요. 그러나 결국 호랑이는 참지 못하고 동굴 밖으로 뛰쳐나왔어요. 하지만 곰은 잘 참아 내어 21일 만에 여자로 변했지요.

③여자가 된 곰은 환웅과 결혼하여 자식을 낳았어요. 이 사람이 자라 단군왕검[2]이 되어 나라를 세우고 조선[3]이라 하였답니다.

1) 홍익 인간 : '널리 인간 세계를 이롭게 한다'는 뜻으로 고조선의 건국 이념.

▶ 〈KBS 한국사기 – 국가의 탄생, 고조선〉

2) 단군왕검 : 고조선을 다스리던 최고 지배자를 단군왕검으로 부름.

3) 조선 : 후대의 조선과 구별하기 위해 고조선으로 부름.

고조선의 건국 이야기에는 중요한 의미가 있어요. 하늘에서 내려왔다는 환웅과 그 무리들은 하늘의 자손임을 강조하는 부족이라고 여겨집니다. 또한, ①비, 구름, 바람을 다스리는 신하를 데려온 것은 농사를 짓는 기술이 발달된 부족임을 알 수 있어요. 농사를 짓는 데는 비, 구름, 바람과 같은 날씨가 매우 중요했기 때문이에요.

한편, ②곰과 호랑이 이야기는 곰과 호랑이를 숭배[4)]하는 부족을 나타내요. ③환웅이 이끄는 부족이 호랑이를 숭배하는 부족을 물리치고, 곰을 숭배하는 부족과 힘을 합해 고조선을 세웠다는 뜻으로 이해할 수 있답니다.

4) 숭배 : 훌륭한 사람이나 종교적 대상을 우러러 높여 받드는 것.

태백 태백산 천제단 강화 마니산 참성단

▲ 단군이 이 곳에서 하늘에 제사를 지냈다고 전해져요.

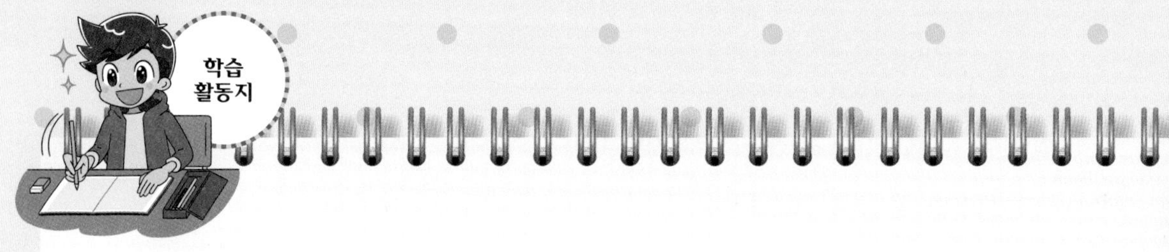

1 청동기 시대의 생활 모습을 알아봅시다.

청동기 시대 사람들은 신석기 시대에 비해 다 같이 사회의 발전을 이루었어요. 변화된 사회 모습을 바탕으로 내가 청동기 시대에 살았다면 어떤 하루를 보냈을지 그림으로 그려 보세요.

〈 청동기 시대 〉

★ 고인돌을 만들었어요.
★ 생활에 필요한 법을 만들었어요.
★ 다른 사람을 이끄는 지도자 계급이 나타났어요.
★ 우리 민족 최초의 국가인 고조선이 세워졌어요.
★ 청동 도구로 사람의 지위를 나타내기 시작했어요.

1 청동검은 어떻게 만들었을까?

구석기 시대는 돌을 깨뜨려서 사냥을 했어요. 신석기 시대는 더 발전해서 돌을 날카롭게 갈아서 쓰기 시작했지요. 청동기 시대 사람들은 돌보다 더 우수한 도구는 없을까 고민한 끝에 청동기를 만들어 사용하였고, 이후 기술이 발전하여 더욱 단단한 철로 무기와 농기구를 만들어 사용하였답니다. 그렇다면 청동기를 어떻게 만들었을까요? 청동검을 만드는 순서를 알아봅시다.

< 청동검 만드는 과정 >

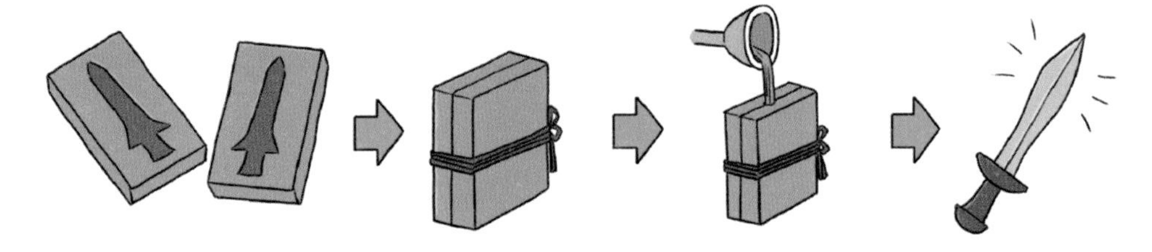

칼 모양을 본 뜬 거푸집을 준비한다.	거푸집을 끈으로 단단하게 묶는다.	구리와 주석을 섞어 끓인 쇳물을 붓는다.	식으면 거푸집을 열어 청동검을 꺼낸다.

▲ 거푸집(전주박물관)

▶ 〈네이버 지식백과
청동검은 어떻게 만들었을까?〉

▶ 〈EBS 다큐프라임
–'불의 검' 1부– 청동의 시대〉

▶ 청동으로 도구를 만드는 것은 단순하게 돌을 깨뜨리거나 갈아서 쓰는 것보다 시간과 노력이 많이 드는 일이었어. 무엇보다도 불의 온도를 높이는 어려운 기술이 필요했고, 거푸집을 만들어서 모양을 내는 일도 쉬운 과정이 아니었거든. 그래서 청동기는 아무나 만들어 사용할 수 없었어.

▶ 〈역사채널e –
청동거울의 비밀〉

한국식 청동검인
세형 동검이야.

청동 거울은 뒷면에 얼굴을
비춰 보도록 되어 있어.

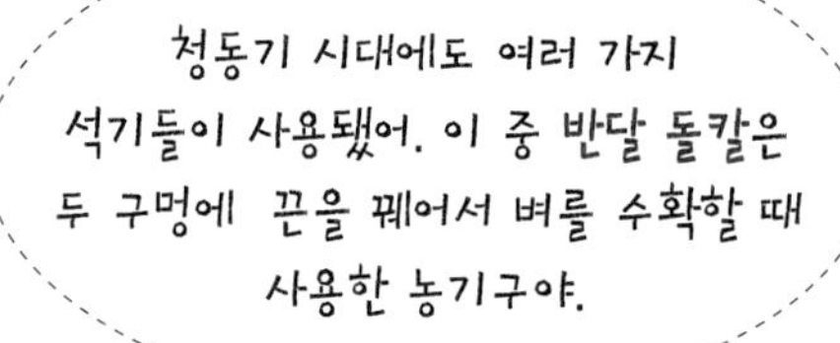

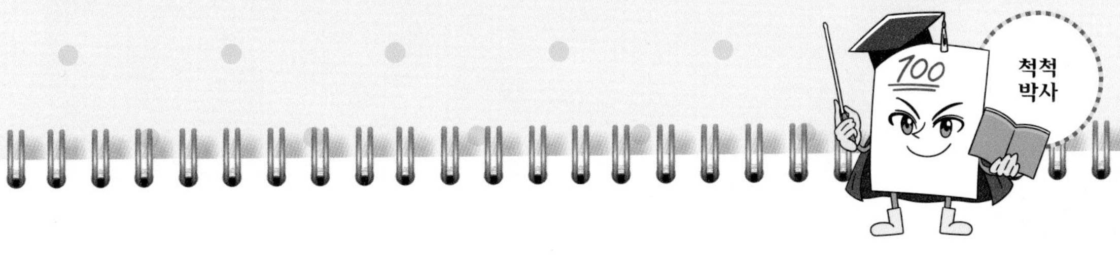

문제로 정리하기

1 우리나라 최초의 국가의 이름은 무엇인가요?

[   ]

2 청동기 시대의 사람들은 자신의 힘을 과시하기 위해서 계급이 높은 사람들의 무덤으로 [   ]을(를) 만들었습니다.

3 다음 시대를 순서대로 번호를 적어 보세요. (→   →   )

① 청동기　　② 구석기　　③ 신석기

정답 **1** 고조선 **2** 고인돌 **3** ②, ③, ①

3 삼국의 발전

1. 여러 나라가 세워지다

★ 철기 문화를 바탕으로 여러 나라들이 생겨나다

1) 한나라 : 기원전 206년에 중국에 세워진 나라

고조선이 중국 한나라[1]의 침략에 의해 멸망하였지만, 한반도와 만주 지역에는 여러 나라가 생겨났습니다. 만주 지역에는 **부여**와 **고구려**가 나타나고, 한반도 북부 동해안 지역에는 **옥저**와 **동예**가 자리 잡았어요. 한강 남쪽 지역에서는 **삼한**이라 불리는 수십 개 작은 국가들의 연합체인 **마한 · 변한 · 진한**이 발전하였지요.

고조선이 멸망하면서 주변 지역으로 흩어진 사람들을 통해서 고조선의 **철기 문화**가 한반도에 널리 퍼지게 되었어요. 철기는 이전의 청동기보다 단단하면서도 재료도 풍부하고 쉽게 만들 수 있었답니다. 그래서 철은 무기뿐 아니라 생활 도구인 농기구를 만드는 데에도 사용되었지요. 특히 **철제 농기구**를 사용하면서 본격적으로 농업이 크게 발달하였어요. 철제 농기구로 땅을 깊게 갈 수 있었기 때문이죠. 그리하여 수확하는 곡식의 양이 많이 늘어났고, 인구도 그만큼 늘어났어요.

▲ 각종 철기

반면, 부족 간에 서로 식량을 더 많이 차지하려고 다툼이 생겼고, 철제

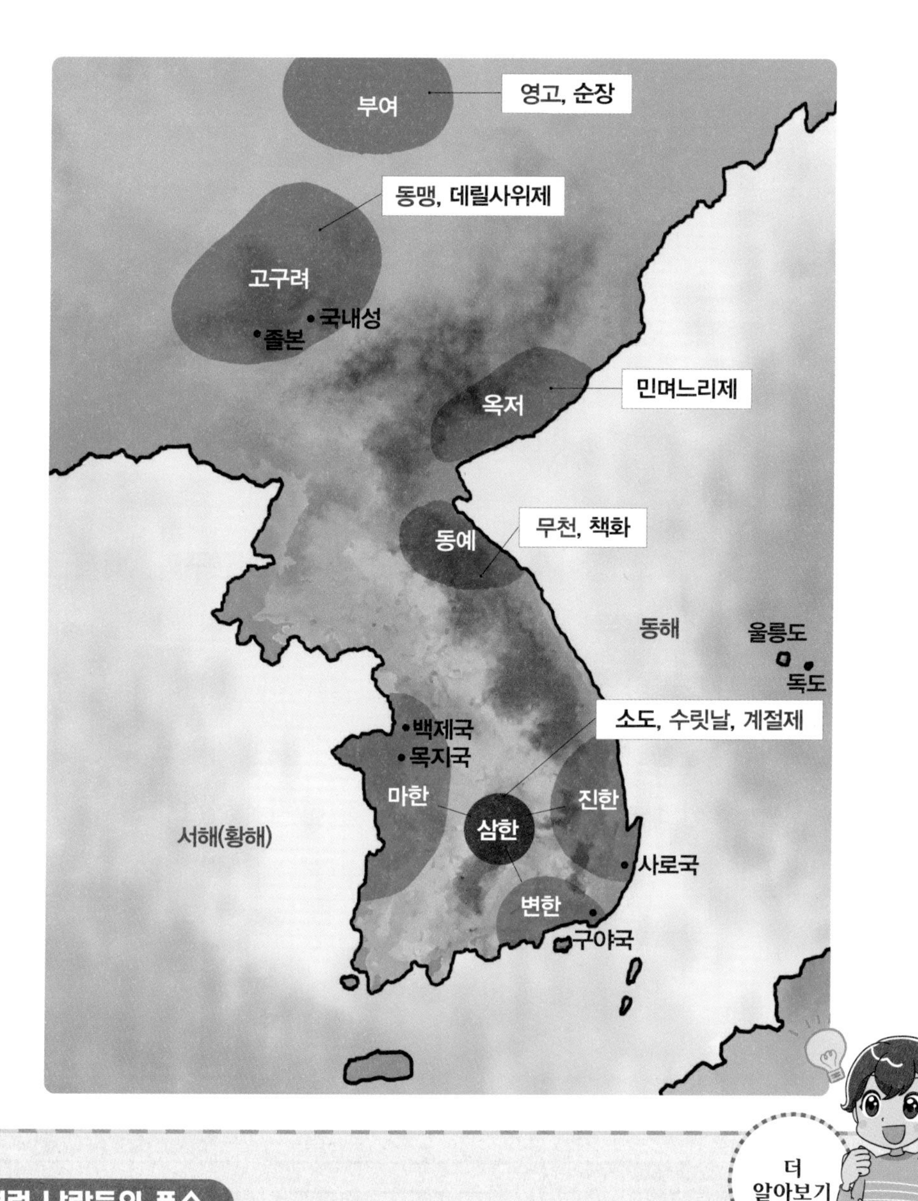

더 알아보기

여러 나라들의 풍속

영고, 동맹, 무천, 수릿날, 계절제 : 각 나라의 제천 의식으로 추수를 감사하며 하늘에 제사를 지내는 종교 의식이자 부족 전체의 행사

순장 : 신분이 높은 사람이 죽었을 때, 그의 노비나 신하들을 함께 묻었던 풍습

데릴사위제(서옥제) : 남자가 혼인한 후 일정 기간 여자 집에서 살다가 자기 집으로 가는 혼인 형태.

책화 : 다른 마을을 침입했을 때, 노비, 소, 말 따위로 배상하던 벌칙

민며느리제 : 결혼을 약속하면 어린 여자가 남자 집에서 살다가 결혼하는 옥저의 풍습

소도 : 하늘에 제사 지내던 신성한 지역으로, 죄인이 이곳으로 도망치면 잡아가지 못했어요.

무기를 전투에 사용하면서 전쟁의 규모도 커졌습니다. 철을 잘 다룬 부족들은 점차 세력을 크게 키워 여러 **국가**가 나타나게 되었답니다.

2. 4개의 나라가 크게 성장하다

★ 왕을 중심으로 삼국이 발전하다

고조선 이후 여러 나라들 가운데 **고구려**, **백제**, **신라** 삼국은 우수한 철기 문화를 바탕으로 주변 지역을 정복해 가며 강력한 중앙 집권 국가[1]로 발전하였어요. 낙동강 유역에서 성장한 **가야**도 삼국과 함께 강력한 세력으로 등장하였지요. 전에는 가야에 대해 주목을 하지 않았으나, 신라에 흡수되기 전까지 가야도 나름 강력한 세력을 가지고 있었답니다. 삼국은 영토를 키워가는 과정에서 서로 전쟁을 벌이기도, 때로는 서로 돕기도 하였답니다.

1) 중앙 집권 국가 : 왕이 강력한 권력을 가지고 나라를 다스리는 국가. 그 아들이 왕위를 이어받게 됨.

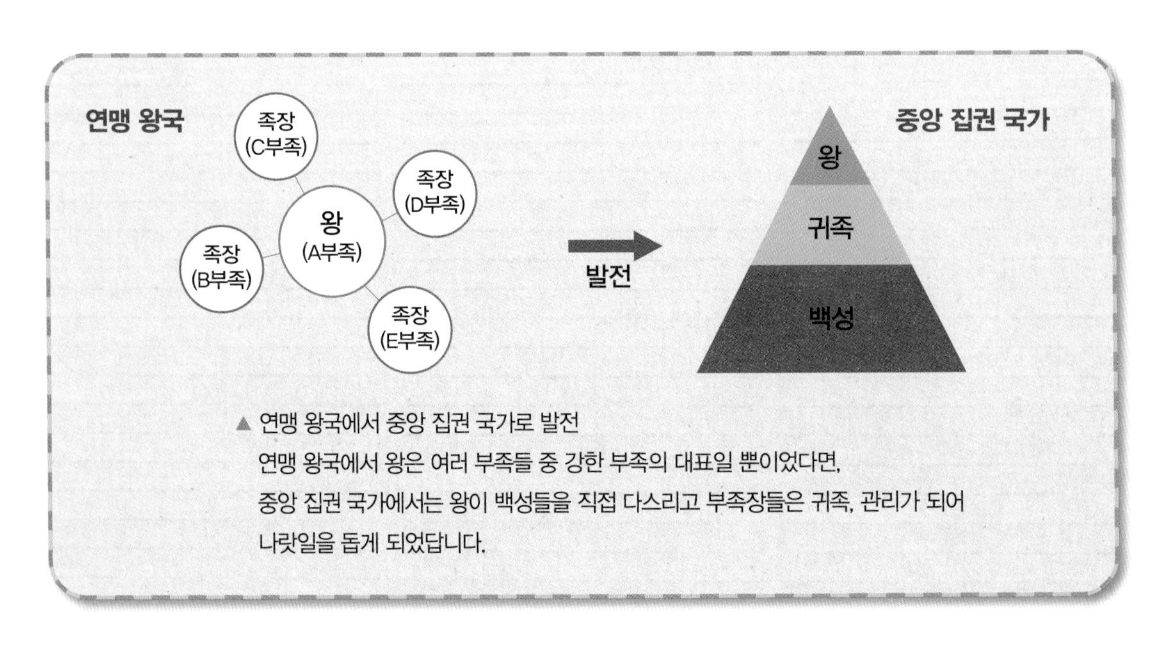

▲ 연맹 왕국에서 중앙 집권 국가로 발전
연맹 왕국에서 왕은 여러 부족들 중 강한 부족의 대표일 뿐이었다면, 중앙 집권 국가에서는 왕이 백성들을 직접 다스리고 부족장들은 귀족, 관리가 되어 나랏일을 돕게 되었답니다.

삼국의 백성들은 평소에 농사를 짓고 나라에 세금을 냈으며, 때로는 성을 쌓는 일과 전쟁에 동원되기도 했습니다. 삼국에 전래된 불교는 국왕 중심의 지배 이념을 확립하고 백성을 하나로 모으는 역할을 했지요. 불교가 들어오면서부터 우리나라 곳곳에 절과 탑, 불상들이 만들어졌답니다. 뿐만 아니라 불교 미술이 발달하여 문화를 발전시켰어요.

백제는 일찍이 화려한 귀족 문화가 발전하였고, 북쪽에 위치한 고구려는 중국의 침략을 막아 내어 민족의 방패로서의 역할을 하였어요. 가장 늦게 발전한 신라는 삼국을 통일하여 삼국 문화가 하나의 민족 문화로 발전할 수 있는 기틀을 마련하였답니다.

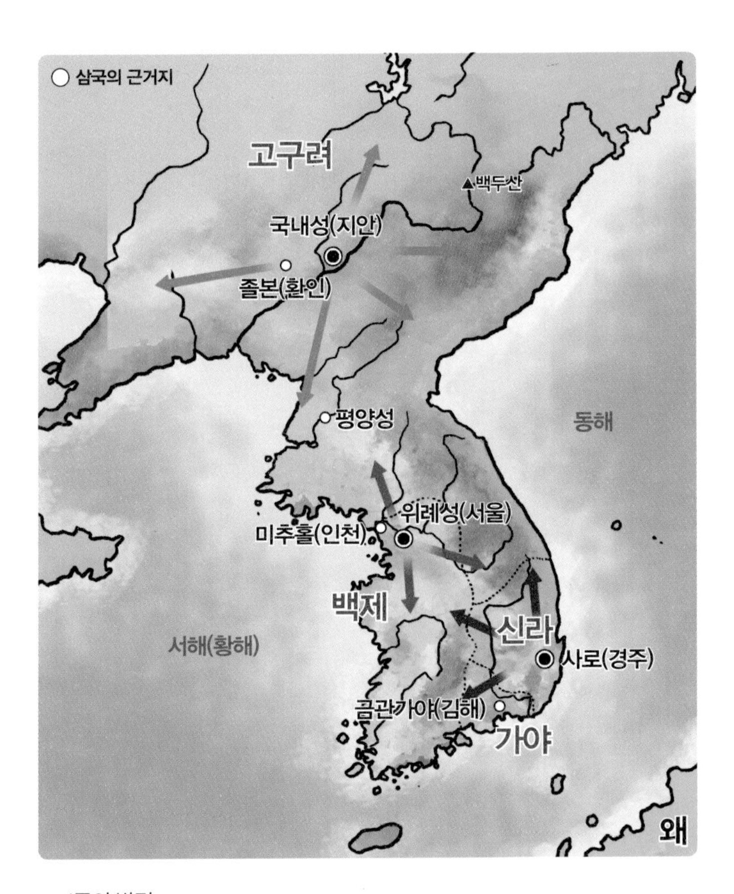

▲ 4국의 발전

★ 역사 지도로 보는 삼국의 발전 과정

근초고왕, 4세기 백제 전성기를 이루다

▶ 〈반크 역사채널:백제〉

백제는 고구려 왕자인 온조가 고구려에서 남쪽으로 내려와 세운 나라입니다. 초기 백제는 한강 유역의 작은 국가 중 하나였지만, 점차 주변 나라들을 지배하며 큰 나라로 발전하였지요. 백제는 **한강 유역**의 넓은 평야를 차지하고 있어 농사 짓기 좋았고, 물길을 통한 교통도 좋았습니다.

또한 지리상의 위치로 인해 **황해**를 통해 중국의 발전된 문물[1]을 쉽게 받아들일 수 있었습니다.

1) 문물 : 법 · 학문 · 예술 · 종교 등 문화의 산물.

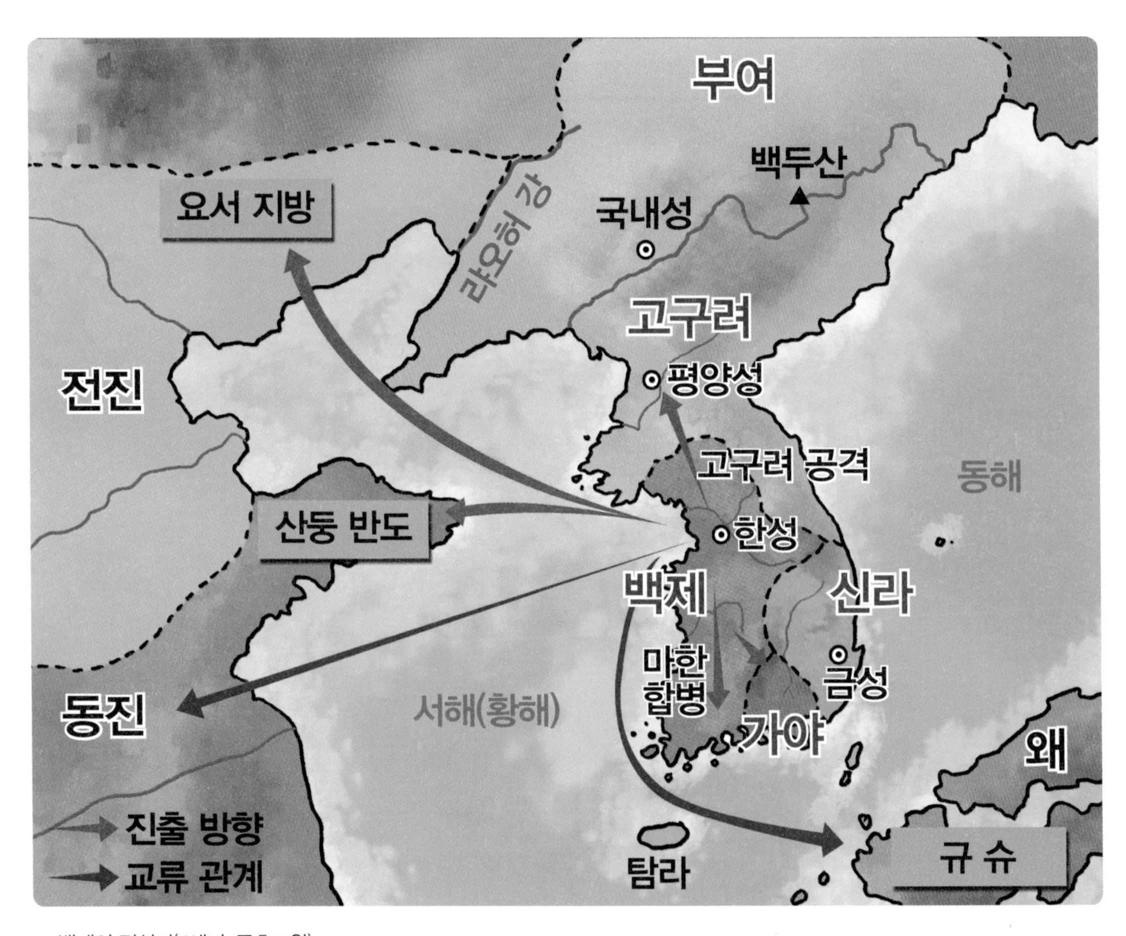

▲ 백제의 전성기(4세기, 근초고왕)

백제는 **4세기 근초고왕** 때 삼국 중 가장 먼저 전성기[2]를 맞이합니다. 근초고왕은 북으로 고구려를 치고, 남으로는 마한을 완전히 병합[3]하여 넓은 영토[4]를 지배하였습니다. 3만여 명의 군사를 이끌고 고구려 평양에 쳐들어가 고구려 고국원왕을 전사시킬 정도로 힘이 막강했지요(371년).

강력한 군사력과 경제력을 바탕으로 백제는 중국의 요서 지방과 일본 규슈 지방을 연결하는 해상 교역로를 확보하는 등 활발한 대외 활동도 벌였답니다.

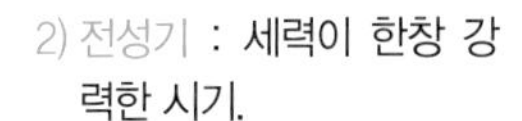

2) 전성기 : 세력이 한창 강력한 시기.

3) 병합 : 둘 이상의 단체나 조직, 국가 등을 하나로 합침.

4) 영토 : 한 나라가 지배하는 땅.

▶ 〈5분 사탐: 백제의 성장, 근초고왕〉

▲ 칠지도(이소노 카미 신궁)
일본에 있는 철제 가지 모양의 칼로 근초고왕이 일본에 내려준 칼로 전해져요.

광개토 대왕, 5세기 동북아시아 최강국을 만들다

고구려는 주몽이 부여를 떠나 졸본에 세운 나라로 삼국 중 가장 먼저 국가 체제를 정비하였답니다. 한때 남쪽 백제와 북쪽 중국의 공격으로 큰 위기를 맞기도 하였지만, **광개토 대왕**과 **장수왕** 때에 전성기를 맞이하였지요.

▶ 〈5분사탐: 고구려의 체제 정비,소수림왕〉

▲ 호우명 그릇(국립중앙박물관)
신라의 도읍지인 경주 호우총에서 발견된 그릇. 바닥에 광개토 대왕에 대한 기록이 있어 고구려가 신라에 영향력을 미쳤음을 알려 주는 유물입니다.

▶ 〈반크 역사 채널 : 고구려의 역사〉

▶ 〈역사스페셜 : 광개토 대왕의 업적〉

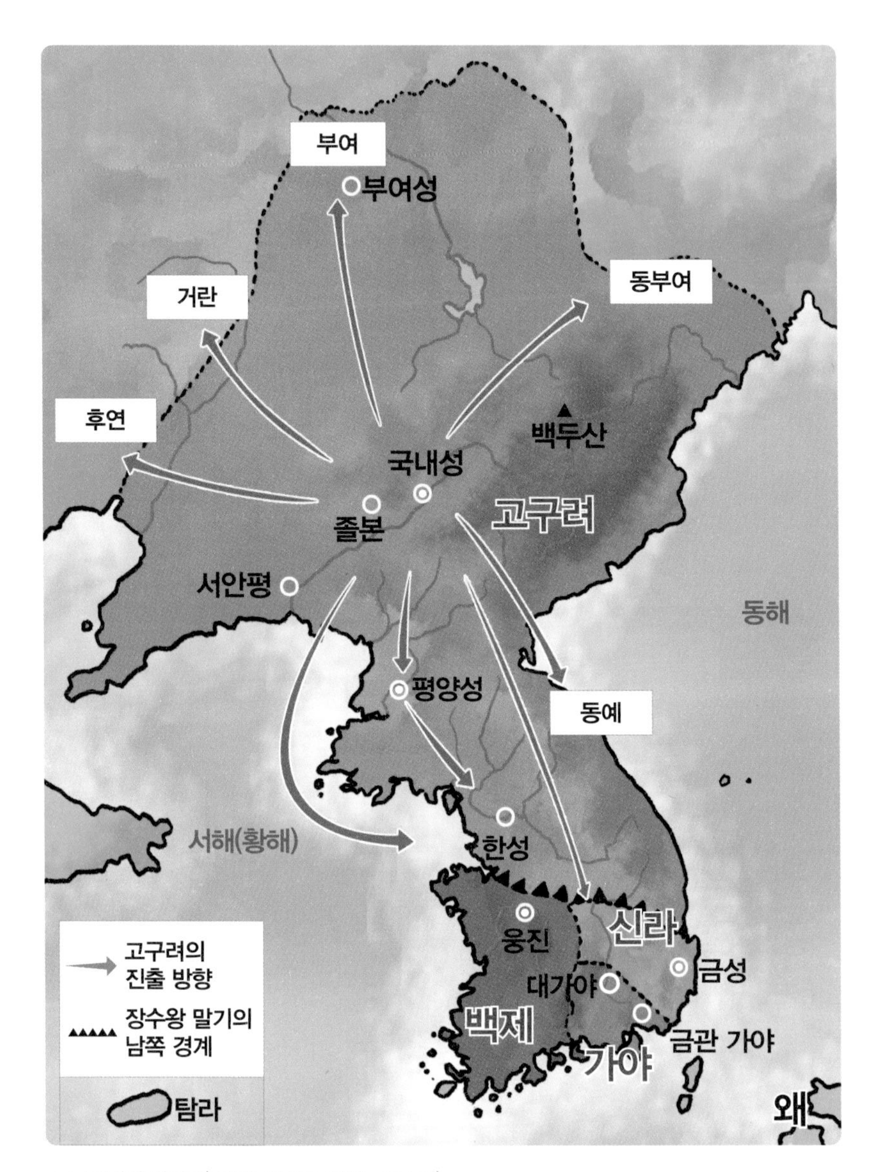

▲ 고구려의 전성기(5세기, 광개토 대왕 · 장수왕)

5세기 광개토 대왕은 **만주 지역**에 대한 대규모 **정복** 전쟁을 성공적으로 마칩니다. 이어서 백제를 굴복[1]시키고, 신라에 침입한 왜와 가야를 물리침으로써 한반도 남부까지 영향력을 미치게 되지요.

1) 굴복 : 힘이 모자라서 복종함.

이러한 광개토 대왕의 업적은 만주에 있는 **광개토 대왕릉비**에 기록되어 있어요. '광개토 대왕'이라는 이름도 영토를 크게 넓힌 대왕이라는 뜻이지요.

▲ 광개토 대왕릉비(중국, 길림성 집안시)
광개토 대왕의 업적을 기리기 위해 그 아들 장수왕이 세운 비로, 높이 6.4m의 거대한 비 입니다.

그의 아들 **장수왕**은 수도를 국내성에서 **평양성**으로 옮기고(427년), 적극적으로 **남진 정책**을 펼쳐 백제와 신라를 압박하였어요. 이에 백제와 신라가 동맹(나제동맹)을 맺어 대항하였지만, 고구려는 오히려 수만의 군대로 백제를 공격하여 백제 개로왕을 사로잡아 죽이고, **한강 유역**을 **완전히 차지**하였답니다(475년).

이처럼 5세기 말 계속된 정복 전쟁으로 고구려는 만주 지역과 한반도 중부 지역을 차지하며 동북아시아의 최강국으로 이름을 떨쳤답니다.

▶ 〈역사랑 놀자-
고구려의 최전성기를 이끈
장수왕의 일대기〉

한강 유역을 차지한 진흥왕, 영토를 넓히다

신라는 뒤늦게 **6세기**에 이르러서 크게 발전하며 삼국 통일의 기반을 마련하였습니다. 지증왕 때 강원도 중부 지역까지 진출하고, 우산국[1]을 정복하였지요. 뒤이은 **법흥왕**은 나라를

1) 우산국 : 울릉도와 독도를 아우르는 작은 섬나라로 512년(지증왕 13년)에 신라에 항복하여 신라에 속하게 됨.

다스리는 제도를 정비하고 왕이 뽑은 관리[2]를 곳곳에 보내어 다스리도록 하였어요.

또한, 나라의 법을 반포[3]하여 **중앙 집권 국가 체제**를 갖추었지요. 더불어 신라의 독특한 신분 제도인 **골품 제도**를 정비하고, 불교를 받아들여 나라의 정신적 기반을 튼튼히 하였어요.

이를 바탕으로 6세기 중반, **진흥왕**은 활발한 정복 전쟁을 펼치며 눈부신 발전을 이루었어요. **한강 유역을 차지**하여 중국과의

2) 관리 : 나라를 다스리는 일을 하던 사람들을 말함.

3) 반포 : 세상에 널리 퍼뜨려 모두 알게 함.

▶ 〈반크 역사 채널 – 신라〉

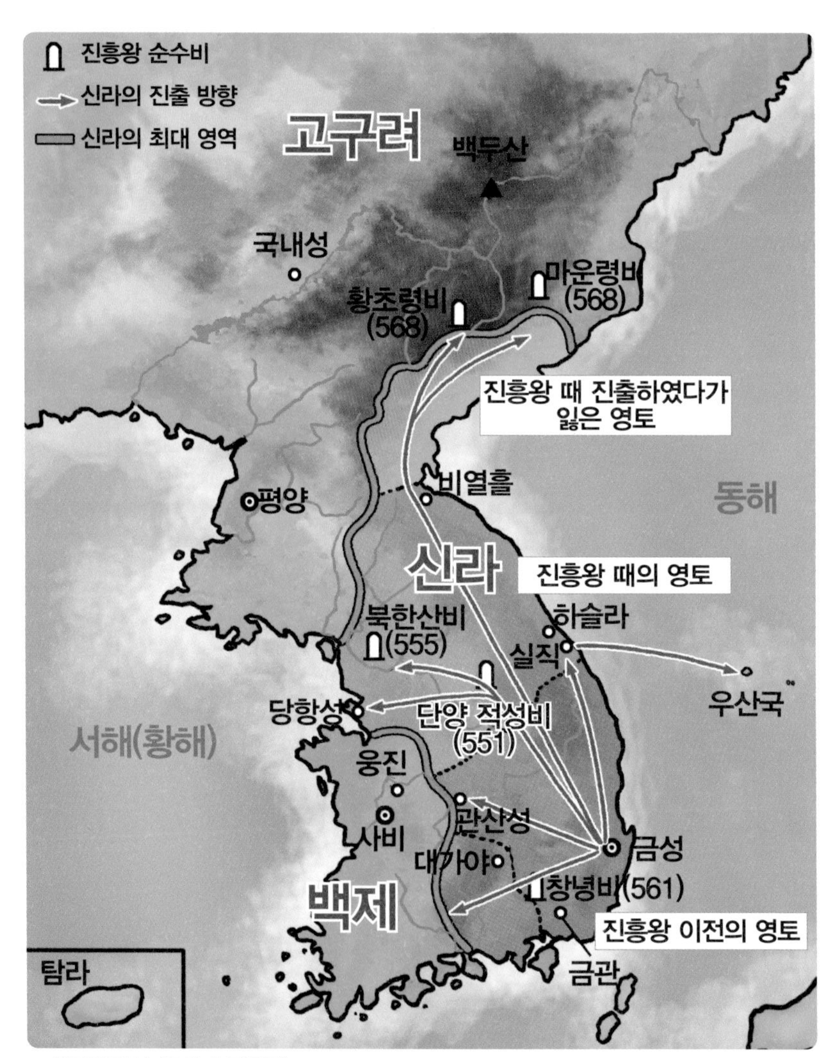

▲ 신라의 전성기(6세기, 진흥왕)

진흥왕은 확대된 영토를 방문하면서 이를 기념하려고 순수비를 세웠어요. 창녕비, 북한산비, 마운령비, 황초령비 등 모두 4개가 발견되었답니다.

▲ 북한산 진흥왕 순수비: 진짜 유물은 국립중앙박물관에 있답니다.

교통로를 확보하였으며, 남쪽으로는 **대가야**를 **점령**하고, 북으로는 고구려 영토인 함경도 지역까지 진출했답니다.

이 과정에서 진흥왕은 유능한 청소년을 키우는 단체인 **화랑도**를 국가 조직으로 삼고 많은 인재를 길러냈어요.

신라는 오랜 동맹국이었던 백제와 힘을 모아 고구려가 차지하고 있던 한강 유역을 점령하였답니다. 약속대로 백제는 한강 하류를, 신라는 한강 상류의 땅을 얻게 되었죠. 그러나 신라는 동맹을 깨고 백제가 되찾은 한강 하류의 땅마저 빼앗아 한강 유역 전체를 독차지합니다. 백제와의 관계가 악화되지만, 신라는 한강 유역의 풍부한 물자를 손에 넣고 황해를 통하여 중국과 교류할 수 있는 조건을 갖추게 되지요.

이러한 진흥왕의 정복 활동은 여러 곳의 순수[4]비를 통하여 알 수 있답니다.

▲ 화랑 동상(서울, 노원)

4) 순수 : 왕이 나라 안을 두루 보살피며 돌아다니는 일.

▶ 〈5분사탐 : 신라의 발전, 지증왕〉

더 알아보기

신라의 화랑도

화랑도는 신라 시대의 청소년 수련 단체로 아주 오래전부터 있었어요. 진흥왕은 신라를 강하게 만들기 위해 널리 인재를 구하고 싶었으나, 누가 좋은 관리가 될 사람인지 알 수가 없었지요. 그래서 이전부터 있었던 청소년 집단인 화랑도를 국가 조직으로 크게 만들었답니다. 그리고 화랑도에게 효와 충을 가르치고, 산과 들에서 무예와 도를 닦도록 하였어요. 화랑도에서 뛰어난 인재를 찾아 관리로 뽑았고, 이들은 전쟁에서 용감한 군인이 되어 삼국 통일에 큰 역할을 하였답니다.

★ 가야의 발전과 몰락

금관가야, 전기 가야 연맹을 주도하다

가야는 하나의 국가가 아닌 변한에 위치한 6개의 가야국으로 2, 3세기에 이르러서는 김해의 가락국(**금관가야**)을 중심으로 연맹체를 이루었답니다. 금관가야는 낙동강 하류 지역의 비옥한 토지와 해상 활동에 유리한 지리적 조건을 지니고 있었어요. 또한 질 좋은 철이 많이 나서 각종 철제 무기를 만들어 사용했고, 철을 화폐처럼 이용하기도 했답니다.

▲ 덩이쇠

덩이쇠는 교역시 화폐의 기능을 했어요. 가야의 고분에서 대형 덩이쇠가 발굴된 것은 무덤의 주인이 가진 부와 권력을 나타낸다고 할 수 있지요.

낙동강 동쪽으로 진출을 시도하던 전기 가야 연맹은 왜와 긴밀한 관계를 유지하며 신라를 공격했어요. 그러나 신라를 도우러 온 고구려 광개토 대왕의 공격을 받아 금관가야는 큰 타격을 입게 되었지요.

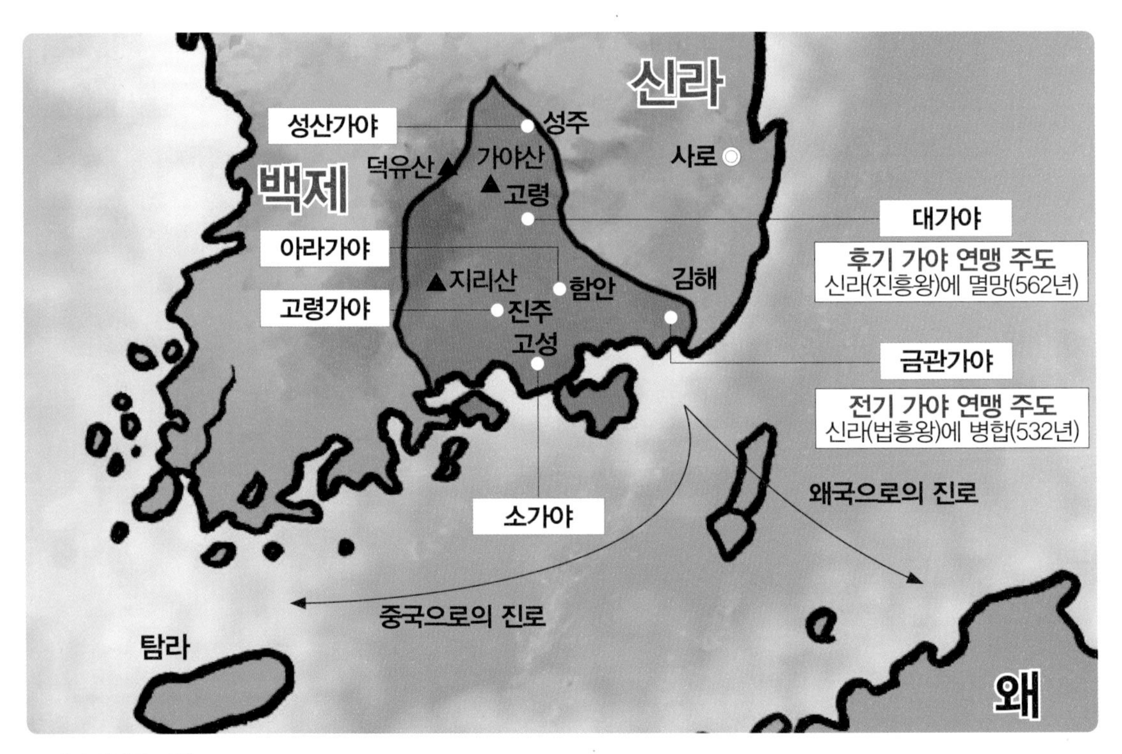

▲ 가야 연맹의 지역

대가야, 후기 가야 연맹을 이끌다

▲ 대가야의 고령 지산동 고분군(경북, 고령)

▲ 금관가야의 수레바퀴모양 토기(국립김해박물관)

금관가야가 약화된 후 낙동강 서쪽의 여러 가야국들은 고령의 **대가야**를 중심으로 다시 연맹체를 이루었죠. 즉 5세기 중반 이후로 내륙인 고령 지역에 터를 두고 성장해 온 소국이 고구려의 공격으로 큰 피해를 입은 금관가야를 대신하여 가야 연맹체의 중심국으로 떠오른 것입니다. 철제 무기와 세련된 토기 등을 가지고 스스로를 대가야라 칭하고 가야의 여러 나라를 아울렀어요. 고령의 대가야 역시 금관가야처럼 질 좋은 철을 많이 생산했고, 농사 짓기 좋은 환경을 갖추고 있었습니다.

후기 가야 연맹은 5세기 후반에 크게 성장하여 그 세력 범위를 확장시켰으나 6세기에 이르러 백제와 신라 두 강대국 사이에 계속 압박을 받으며 위축되었답니다. 결국 가야 연맹은 두 나라의 침략으로 영토가 점차 축소되다가 **신라 법흥왕** 때 **금관가야**(532년)가, **진흥왕** 때 **대가야**(562년)가 **멸망**했죠. 국력이 서로 비슷한 수준이었던 가야 연맹은 결국 통일 왕국을 이루지 못한 채 역사 속에서 사라져 버린 것입니다.

▶ 〈EBS 한국기행 – 가야, 전설을 깨우다〉

가야가 삼국처럼 강력한 왕권을 지닌 고대 중앙 집권 국가로 성장했다면 3국 시대가 아니라 4국 시대가 펼쳐졌을 것입니다. 그러나 가야는 신라 문화에 영향을 주었고 일부 세력은 일본에 진출하여 일본의 고대 문화 발전에도 이바지하였죠. 또한, 훗날 삼국 통일을 이끈 신라의 김유신 장군도 알고 보면 금관가야 왕족의 후손이었답니다.

1 고조선 이후에 어떤 나라들이 생겨났을까?

1. □ 안을 알맞은 단어로 채워 넣으세요.

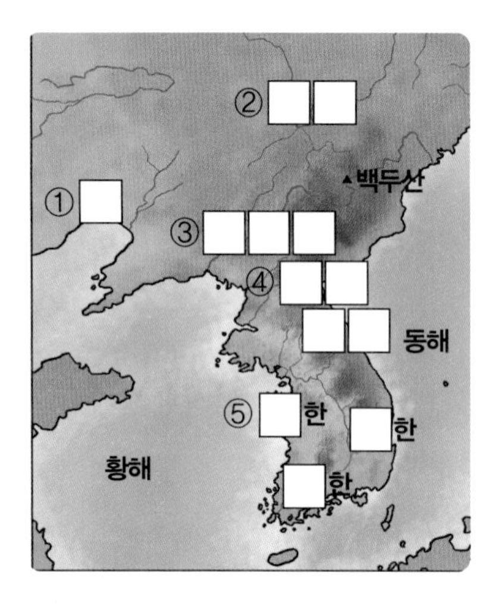

① 고조선이 중국 □나라의 침략을 받아 멸망하고 그 주변 지역에 여러 나라가 등장하였습니다.

② □□는 송화강 인근, 고조선 북쪽 넓은 평야 지역에 위치했습니다.

③ □□□는 고조선의 중심부였던 압록강 인근, 한반도 북쪽에서 성장하였습니다.

④ □□ 와 □□는 동해안 지역에 자리 잡았습니다.

⑤ 남쪽에는 □한, □한, □한이라고 불리는 여러 작은 나라들의 연합체가 생겨났습니다.

2. 삼국과 가야가 발생한 위치를 정리해 보세요.

고구려: □□(환인) 지역 – 압록강 부근

백　제: □강 유역과 전라도 지방

신　라: □□ 부근의 경상도 지방

가　야: □□강 유역의 김해 부근

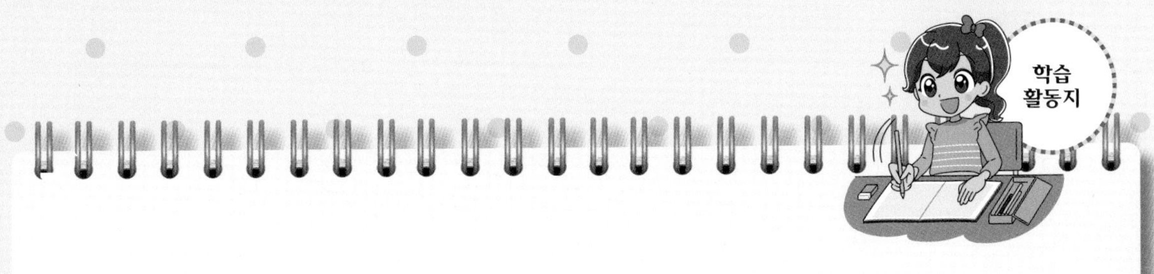

2 삼국은 어떻게 발전하였나?

1. (   ) 안에 들어갈 내용 중 알맞은 것에 ○표를 하여 봅시다.

★ 백제의 (근초고왕, 진흥왕)은 영토를 확장하여 남해안 지역으로 진출하였고, 정치, 문화 등 다양한 분야에서 이웃 나라와 교류하였습니다.

★ 고구려의 장수왕은 도읍을 (평양성, 국내성)으로 옮기고 한강 유역을 차지하여 한반도 중부까지 세력을 확장하였습니다.

★ 고구려의 광개토 대왕은 사방으로 영토를 넓혀 요동 지방까지 진출하였고 남쪽으로 한강을 건너 (백제, 신라)를 굴복시켰습니다.

★ 신라의 (지증왕, 진흥왕)은 한강 유역을 차지하여 중국과의 교통로를 확보하였고, 남쪽으로는 대가야를 정복하였으며, 북쪽으로는 고구려를 공격하여 함경도까지 진출하였습니다.

2. 다음은 삼국의 전성기 모습을 나타낸 지도입니다. 공통점을 찾아봅시다.

백제의 전성기(4세기)

고구려의 전성기(5세기)

신라의 전성기(6세기)

공통점 :

1 삼국의 건국 이야기

주몽, 고구려를 세우다

▼ 오녀산성(중국 환인현)
고구려가 처음 나라를 세운 졸본성의 터이지요.

부여에는 물의 신 하백의 딸인 유화라는 여인이 살았어요. 어느 날 유화는 연못으로 산책을 나갔는데, 갑자기 용을 탄 한 사람이 다가왔습니다. 하느님의 아들 해모수였지요. 둘은 사랑에 빠졌지만 해모수는 하늘로 떠나게 되었어요. 홀로된 유화는 길을 가다가 부여의 금와왕을 만났습니다. 금와왕은 유화에게 첫눈에 반해 궁궐로 데리고 갔지요. 어느 날 유화의 방 창문에 빛이 들어왔고 유화는 임신을 했답니다. 얼마 후 유화는 큰 알을 낳았어요. 알에서 한 남자아이가 태어났는데, 활쏘기를 아주 잘하였죠. 그래서 '**주몽**'이라고 불렸습니다. 부여의 왕자들은 뛰어난 주몽을 시기하여 죽이려고 하였지요. 주몽은 이들을 피해 부여에서 도망쳤는데, 강 앞에서 막혀 섰어요. "나는 신의 아들 해모수의 아들이자 하백의 손자이니 길을 열어라."라고 주몽이 외치자 물고기와 거북이들이 길을 만들어 주어 도망칠 수 있었답니다. 그는 남쪽으로 더 내려와 압록강 유역의 졸본이라는 땅에 나라를 세웠는데, 이 나라가 바로 '고구려'입니다.

온조, 백제를 세우다

주몽은 고구려를 세우고 소서노라는 여인과 결혼을 하여 두 아들 비류와 **온조**를 낳았어요. 그러나 주몽이 고구려를 세우고

▲ 몽촌 토성 목책(서울, 송파)

나라를 다스린 지 19년이 지났을 때 부여에 있었던 첫 부인의 아들 유리가 주몽을 찾아옵니다. 주몽은 기뻐하며 유리를 왕위를 이을 태자로 정하였지요. 그러자 비류와 온조는 자신의 세력을 이끌고 고구려를 떠나 남쪽으로 내려와 새로운 나라를 세웁니다. 결국 비류는 미추홀(인천)에, 온조는 위례성(서울)에 나라를 세웠지요. 그러나 비류가 세운 나라는 오래가지 못하고, 온조가 세운 나라는 번성하였답니다. 결국 온조는 비류의 세력을 합치고 나라의 이름을 '백제'라고 지었답니다.

박혁거세, 신라를 세우다

옛날 사로(경주)에는 왕이 없었어요. 그래서 촌장들이 각 지역을 다스리고 있었습니다. 그러던 어느 날, 한 촌장이 우물을 지나가다가 흰 말이 울고 있는 것을 보았어요. 흰말 곁에는 알이 있었습니다. 촌장이 가까이 다가가자 흰 말은 날아가고 알에서 아이가 나왔는데 그가 **박혁거세**입니다. 성은 박 같은 알에서 나왔다고 박, 이름은 세상을 환하게 밝힐 인물이라고 혁거세라고 지었다고 해요. 박혁거세는 왕위에 올라 전국을 돌면서 백성을 돌보고 농사를 잘 지을 수 있도록 힘썼어요. 그리고 나라 이름을 '서라벌'(후에 신라로 바뀜), 도읍을 금성(경주)으로 정하고, 국가의 기초를 세웠답니다.

▲ 나정(경북, 경주) 박혁거세의 탄생 전설이 있는 우물

2 철의 나라 가야, 신라에 흡수되다

가야는 자원이 풍부한 낙동강 하류 지역에서 일어났어요. '가락', '가야' 등으로도 불렸답니다.

건국 이야기를 보면, 왕이 없던 지역에 하늘에서 6개 알이 내려와 여섯 아이가 탄생하였는데, 가장 먼저 알을 깨고 나온 **김수로**가 금관가야의 왕이 되었고, 나머지 아이들도 다른 가야국의 왕이 되었지요.

가야는 질 좋은 철을 생산하고 강과 바다를 통해 활발히 무역[1]을 하며 성장하였어요. 기름진 낙동강 유역에 위치하여 농사도 매우 잘 되고, 철을 다루는 기술이 뛰어났지요. 가야는 질 좋은 철로 각종 철제 무기를 만들어 사용하였고, 덩이쇠를 만들어 화폐와 같은 교환 수단으로 이용하기도 하였어요.

그러나 가야는 백제와 신라 사이에서 중앙 집권 국가로 발전하지 못하고 결국 연맹 왕국 상태에서 신라에게 멸망당하여 흡수되고 맙니다. 비록 나라는 망했지만 가야의 문화는 신라에 많은 영향을 주었고, 또 가야의 일부 사람들은 일본으로 건너가 일본의 고대 문화 발전에 이바지하였답니다.

---

1) 무역 : 나라와 나라 사이에 서로 물건을 팔고 사는 일.

▲ 금관(고령 출토)

▲ 가야의 철 갑옷

▶ 〈반크 역사 채널 – 가야〉

▲ 가야의 여러 토기

오리 모양, 컵 모양, 수레바퀴 모양 등 다양한 양식의 토기를 만들어 사용했답니다.

3 삼국의 도읍지[1]를 찾아서!

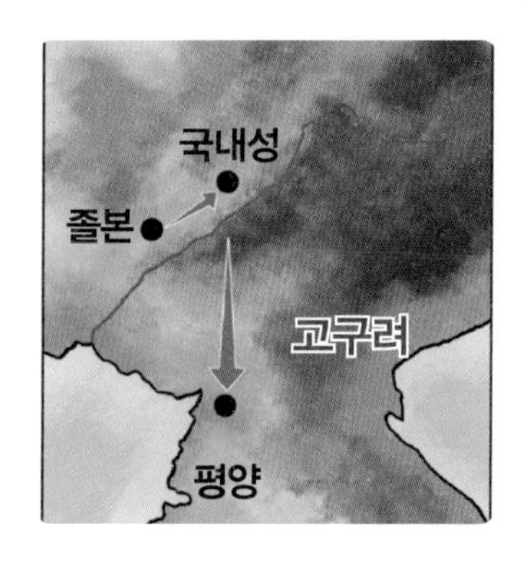

고구려의 수도는 **졸본성(오녀산성)→국내성(집안)→평양성(평양)** 순으로 옮겨졌습니다. 최초의 수도 졸본성은 천연 요새와 같은 곳으로 방어에 유리한 지역이었어요. 주몽의 아들인 유리왕은 좀 더 넓은 압록강 유역의

1) 도읍지(= 수도) : 한 나라의 서울로 정한 곳.

국내성으로 수도를 옮깁니다. 약 400년 뒤 장수왕은 백제와 신라를 압박하는 남진 정책을 위해 평양성으로 수도를 옮기게 됩니다.

백제의 수도는 **위례성(한강 유역)→웅진성(공주)→사비성(부여)** 순으로 옮겨졌습니다. 위례성은 지금의 풍납 토성으로 추측되는 한강 유역으로 500년간 백제의 수도로 발전하였어요. 그러나 고구려의 침입으로 한강 유역을 빼앗기고 급하게 웅진성, 지금의 웅진(공주)으로 수도를 옮깁니다. 그 후 좀 더 넓고 풍요로운 곳인 사비(부여)로 수도를 다시 옮겨 백제는 국력을 키워 나갔답니다. 공주와 부여 중심으로 분포된 **백제 역사 유적지**는 **최근 유네스코 세계 문화유산으로 지정**되어 그 가치를 인정받게 되었어요.

신라는 경주 주변의 6개 부족이 연합해 국가를 건설하여 자연스럽게 이들의 중심이었던 **서라벌(지금의 경주)**은 도읍지로 정하였습니다. 그 후 서라벌(경주)는 통일 신라 시대까지 약 1000년간 수도로 발전하였지요. 그리하여 경주는 도시 전체가 신라 시대 유적이라 해도 과언이 아닐 만큼 유물과 유적지가 많답니다. 이 역사적 가치를 인정받아 **경주 역사 유적 지구** 역시 **유네스코 세계 문화유산으로 등록**되어 보존되고 있지요. 세계적으로도 1000년간 수도를 유지한 국가는 거의 없답니다.

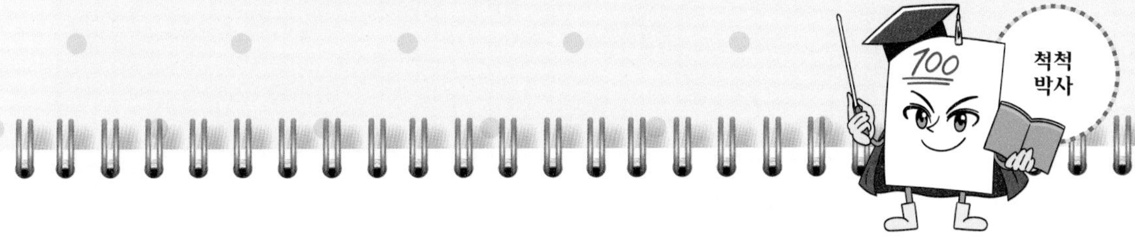

문제로 정리하기

1 다음 나라 중 고조선이 멸망한 직후 등장한 나라가 아닌 것은?(　　)

① 부여　② 고구려　③ 동예　④ 발해　⑤ 옥저

2 결혼 풍습을 살펴보면 고구려의 결혼 제도는 ________, 옥저의 결혼 제도는 ________를 특징으로 하고 있습니다.

3 ㉮~㉰의 지도를 시대순으로 바르게 연결해 보세요.

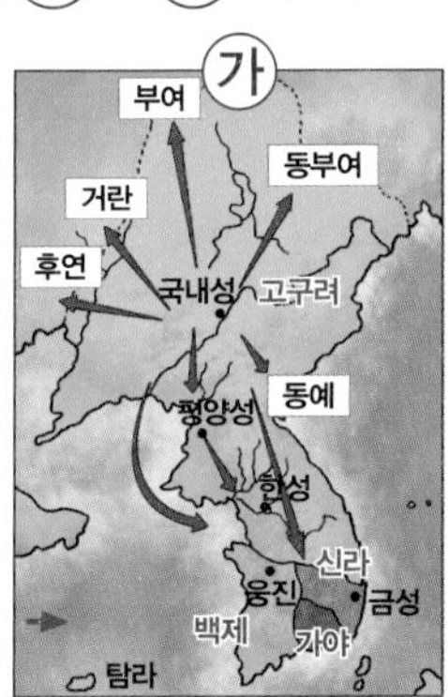

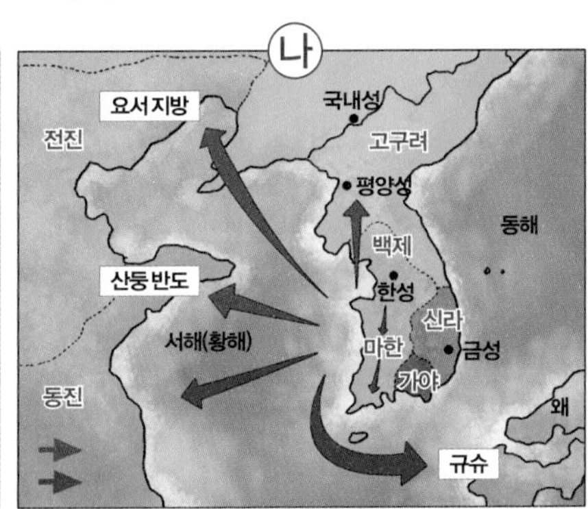

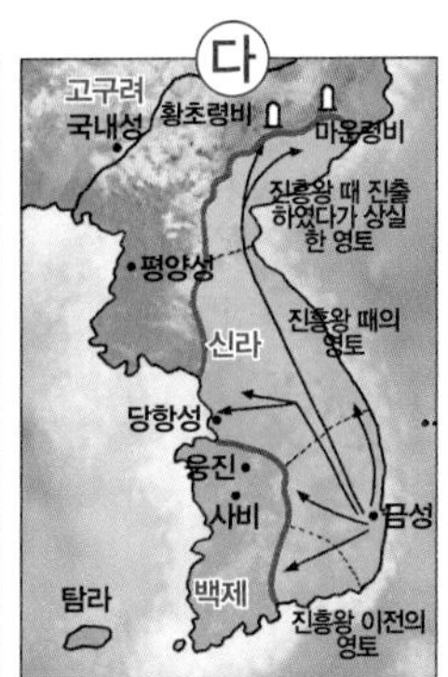

4 ㉮~㉰의 전성기를 이끈 왕은 누구인가요?

가 : ________　나 : ________

다 : ________

정답 **1** ④ **2** 데릴사위제, 민며느리제 **3** 나 → 가 → 다
4 가 : 광개토 대왕 · 장수왕, 나 : 근초고왕, 다 : 진흥왕

4 삼국 문화의 발전

1. 찬란한 삼국의 문화 유산을 찾아서

★ 무덤에 그림을 그린 고구려

1) 고분 : 옛날에 만들어진 무덤. 그 속에서 발견된 유물과 벽화는 귀중한 역사 자료임.

2) 총 : 주인이 확실하지 않은 무덤을 이르는 말.

옛 무덤의 벽면에 그린 그림을 고분[1]벽화라고 하는데, 고구려는 **고분 벽화**가 매우 유명하답니다. 고구려 고분 벽화의 선과 색은 마치 살아 움직이는 것 같은 패기와 박력을 느끼게 하지요. **무용**총[2]의 **수렵도**는 바로 눈앞에서 말을 타고 달리는 고구려 무사를 보는 듯한 느낌을 준답니다. 또 활로 사냥하는 그림은 당시 **사냥**을 즐겨 하던 고구려의 풍속을 잘 나타내고 있어요. 무용을 하는 그림은 **음악**과 **춤**을 즐기던 고구려 사람들의 생활 모습을 보여 주지요.

▶ 〈한국문화 100 – 고구려 고분벽화를 통해 본 고구려인의 삶〉

▲ 무용총 수렵도(중국, 지린성 지안현)

이 밖에도 다른 고분 벽화에는 씨름을 하는 모습, 시녀가 음식을 옮기는 모습 등 당시의 모습을 알게 해 주는 많은 그림들이 있답니다. 앞의 **안악 3호분**의 **행렬도** 역시 당시 고구려인

▲ 각저총 씨름도(중국, 지린성 지안현)

▲ 무용총 가무도

▲ 무용총 시녀도

▶ 고구려의 고분, 즉 무덤은 돌로 방을 만들고 그 위에 흙을 덮어 둥근 모양으로 만들었어요. 그리고 무덤 내부에 돌로 만든 방의 벽과 천장에 벽화를 많이 그렸지요. 벽화를 통해 당시의 생활, 문화, 종교 등을 파악할 수 있답니다. 고구려가 남긴 세계적인 문화유산이지요.

▲ 안악 3호분 대행렬도 복원도(황해도 안악군 오국리) – 무덤 주인의 행차를 호위하면서 행신하는 모습

들의 패기 있는 모습과 고구려군의 생생한 모습까지 보여 주고 있지요. 고분 벽화는 고구려 영토였던 중국의 지안과 평양, 황해도 지역에 많이 남아 있답니다.

고구려 고분 벽화는 독특하고 뛰어난 그림 솜씨로 당시 고구려 사람들의 삶을 생생히 보여 준다는 점에서 세계 문화유산으로 지정되어 그 가치를 인정받고 있어요.

★ 금속 공예의 달인, 백제

백제는 일찍이 바닷길을 통해 중국의 발달된 문물을 받아들이며 예술적 솜씨가 돋보이는 찬란한 문화를 남겼어요. 벽돌로 만든 무덤인 **무령왕릉**과 백제의 미소로 불리는 **서산 마애 삼존불상**, **익산 미륵사지 석탑**과 **부여 정림사지 오층 석탑**, 그리고 **백제 금동대향로**는 백제인들의 뛰어난 공예 기술과 예술적 수준을 나타내 주고 있답니다.

그중에서도 백제의 세 번째 도읍지였던 부여에서 출토[1]된 금동대향로는 금속을 녹여 붙인 부분이 네 부분 밖에 없어요. 정교한 그 모습을 통째로 만드는 기술을 가지고 있었던 것이지요. 금동대향로는 백제 문화의 결정체로 정교함과 조형미[2]에 있어서 동아시아 금속 공예품 중에 최고라는 평가를 받고 있답니다.

▲ 백제 금동대향로(국립부여박물관)

▶ 〈KBS 한국의 유산 – 무령왕릉〉

1) 출토 : 땅에 파묻혀 있던 물건이 땅속에서 밖으로 저절로 드러나거나 파서 나옴.

2) 조형미 : 어떤 물건의 만들어진 형태에서 느껴지는 아름다움.

▶ 〈KBS 한국의 유산 – 백제 금동대향로〉

▲ 서산 마애 삼존 불상(충남)

미소 띤 얼굴 모습으로 인해 흔히 '백제의 미소'라 불려요.

▶ 〈EBS 교양 백제의 꿈, 익산 미륵사지〉

▶ 〈EBS 교양 균형과 정제의 미 – 정림사지 5층 석탑〉

▲ 익산 미륵사지 석탑(전북)

일제 강점기 때 시멘트 등을 이용하여 수리했던 것을 최근에 다시 복원했어요. 복원 과정에서 많은 유물이 출토되었지요. 우리나라에 남아있는 석탑 중 가장 크고 오래된 것이랍니다.

▲ 부여 정림사지 오층석탑(충남)

목조(나무로 만든)건물의 형식을 띠면서도 세련되고 창의적인 형태를 지닌 석탑으로 미륵사지 석탑과 함께 유일하게 남아있는 백제의 석탑이랍니다.

▶ 〈문화재청 – 세계의 유산이 된 백제역사유적지구〉

★ 화려한 금관의 나라, 신라

신라의 도읍지였던 경주는 곳곳에 수많은 크고 작은 고분이 위치하고 있답니다. 신라의 고분에서는 금으로 만든 화려한 장신구가 많이 발견되었어요. 그중 신라의 금관은 그

1) 발굴 : 땅 속에 묻혀 있는 것을 찾아서 파냄.

아름다움은 말할 것도 없고 정밀한 제작 기술이나 발굴[1]된 숫자 면에서 매우 특별하답니다.

전 세계에서 발굴된 고대 금관 가운데 반 이상이 신라금관이랍니다. 그 화려한 모습과 제작 기술은 전 세계 어떤 금관과 비교해도 뒤처지지 않아요. 신라의 무덤에서 발견된 금관과 금제 장식품들은 신라의 금을 다루는 세공 기술이 얼마나 훌륭하였는지를 알려 주고 있어요.

▶ 〈역사채널e – 황금의 나라(신라의 금관)〉

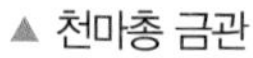

▲ 천마총 금관

▲ 황남대총 금관

2. 삼국, 문화를 교류하다

삼국은 서로 경쟁하기도 하고 때로는 협력하기도 하며 발전하였어요. 그 과정에서 삼국뿐 아니라 인근 나라인 중국, 일본과도 많은 교류를 하였지요. 뿐만 아니라 서역[1]과도 교류가 있었습니다.

서역에서 실크로드[2]나 바닷길을 통한 무역로로 유리 제품이 신라에 들어왔음을 짐작할 수 있어요. 이 유물들은 신라 수도인 경주의 황남대총 · 금관총 · 금령총 · 천마총 등 왕릉급 무덤에서 주로 출토되었답니다.

1) 서역 : 예전 중국의 서쪽 지역을 부르는 말.

2) 실크로드 : 고대 중국과 서역간에 비단 무역을 비롯한 동서양 교류가 이루어진 무역로. 비단길이라고도 불림.

중국을 통해 받아들인 **불교**는 사상뿐만 아니라 중국과 중앙아시아의 학문, 음악, 공예, 건축, 미술 등 다양한 문화를 함께 전해 주었어요.

우리나라 각지에 절과 탑, 불상들이 만들어지기 시작한 때가 바로 삼국시대랍니다. 삼국은 불교를 통해서 왕권[3]을 더욱 **강화**시키고, 백성들의 마음을 하나로 모을 수 있었지요.

3) 왕권 : 임금의 힘, 왕의 권력.

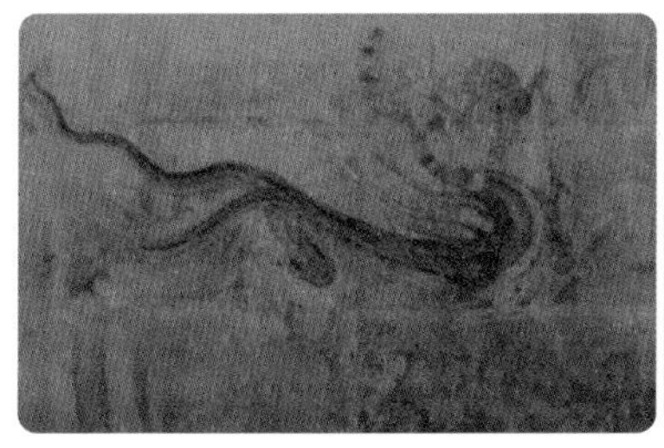
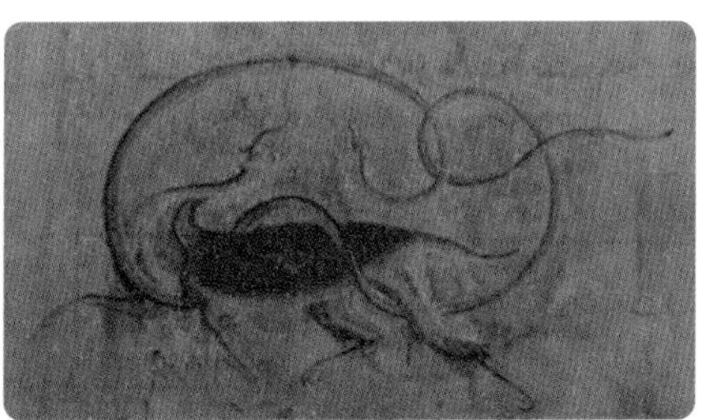

▲ 강서대묘 사신도(북한 강서)의 청룡(좌)와 현무(북)

고구려 고분 벽화에는 중국 신화에 나오는 신이나 상상의 동물이 그려져 있고, 잘 살펴보면 서역인의 모습도 볼 수 있어요. 또한 백제의 **무령왕릉**은 중국 양나라의 무덤 양식에 큰 영향을 받은 것으로, 주변 나라와의 문화 교류를 알 수 있는 자료입니다.

▶ 〈EBS 교양 무령왕릉 – 비밀의 열쇠〉

▲ 무령왕릉 복원도(충남, 공주)

▲ 호류사 백제 관음상 (일본, 나라현)

삼국의 문화는 **일본 고대 문화**의 발전에 큰 영향을 끼쳤어요. 특히, 삼국 중에서 일본과 가까웠던 **백제**가 큰 역할을 하였답니다. 4세기에 백제의 아직기는 일본의 왕자에게 **한자**를 가르쳤고, 뒤이어 왕인이 **천자문**과 **논어**를 전하기도 하였지요. 이후 성왕 때는 **불경**과 **불상**을 전해주어 일본에 불교가 퍼지게 하였어요. 이 밖에도 백제의 학자와 화가, 기술자들이 일본으로 건너가 일본 문화 발전에 크게 기여하였지요.

이러한 이유로 일본에는 백제 문화에 큰 영향을 받은 유물이 많이 있어요. 특히, 일본이 세계적으로 자랑하는 고류사 목조 미륵보살 반가사유상과 호류사 백제 관음상이 그것입니다.

▲ 호류사 금당과 목탑(일본, 나라) – 법륭사라고도 불려요.

고구려에서는 승려 혜자가 건너가 **일본 왕자의 스승**이 되어 일본이 **불교**와 우수한 문물을 받아들이도록 도와주었고, 승려 담징은 **종이와 먹의 제조 방법**을 전해 주었어요. 담징은 직접 일본 **호류사의 금당 벽화**를 그리기도 했지요. 고구려의 그림 솜씨는 일본에 많은 영향을 주었답니다. **고구려 수산리 고분**

벽화의 나들이하는 귀부인과 일본 다카마쓰 고분에 그려져 있는 나들이하는 여인들은 마치 같은 화가가 그린 것 같은 느낌을 준답니다. 또한 일본 고분 벽화의 여인들 복장이 고구려 여인들의 치마와 거의 같은 것을 알 수 있어요.

▲ 호류사 금당 벽화

한편, 신라는 일본과 문화 교류는 적었지만, 배 만드는 기술과 제방 쌓는 기술을 전해 주었어요. 또한, 신라의 칼이 일본에서 큰 인기를 끌었다고 합니다.

가야는 일찍이 주변 지역에 철을 수출하며 활발한 교역 활동을 하였어요. 특히 가까운 일본과 교류가 많았는데, 가야 양식의 철제 갑옷과 투구가 일본에서 많이 발견되었지요. 가야의 토기 역시 일본의 스에키 토기에 큰 영향을 주었답니다.

▲ 고구려 수산리 고분 벽화의 여인

▲ 일본 다카마스 고분 벽화의 여인

▶ 〈MBC 일본 속의 우리 문화 모습〉

1) 축제술 : 제방 쌓는 기술.

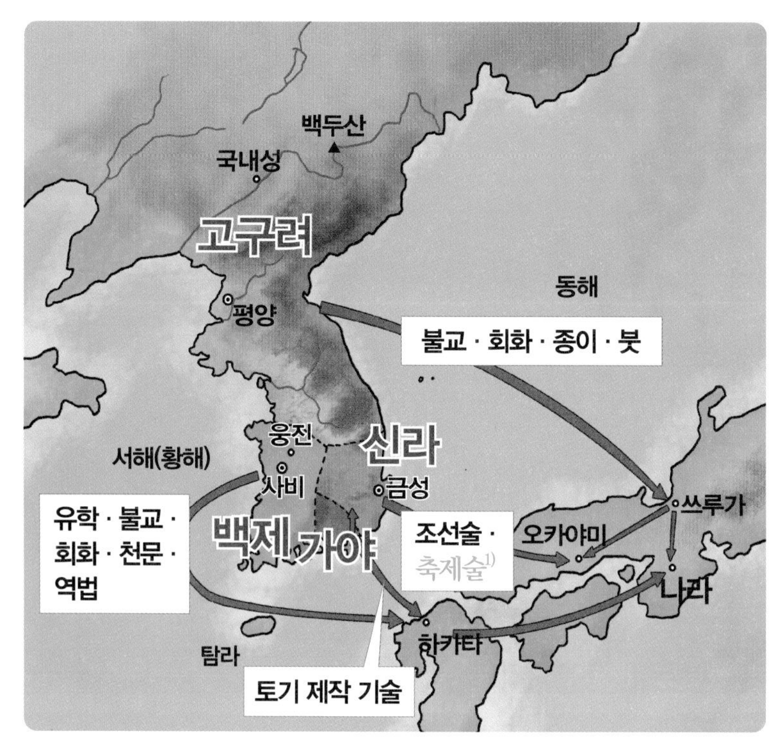

▲ 삼국 문화의 일본 전파

▲ 우리나라 국보83호
금동 미륵보살 반가 사유상

▲ 일본 국보 1호
고류사 목조 미륵보살 반가상

▶ 우리나라 것은 금동으로 일본 것은 나무로 만들어 졌어요. 일본 목조 미륵보살 반가 사유상의 재료인 붉은 소나무는 우리나라에서 주로 자라는 품종입니다.

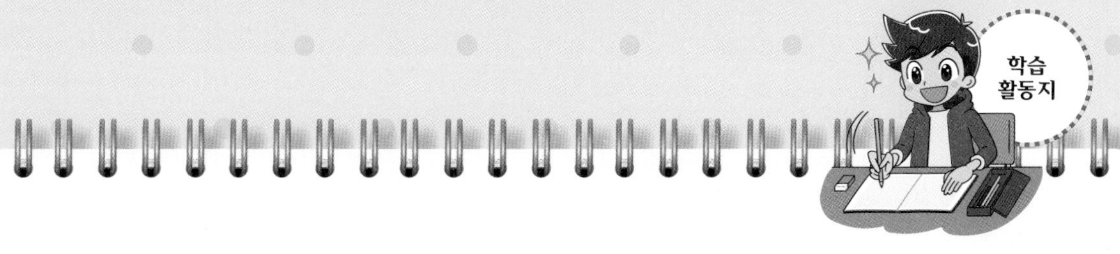

1 삼국의 문화유산과 그 특징 알아보기

1. 고구려의 문화유산을 보고 드는 느낌이나 생각을 한 문장으로 표현해 보세요.

▲ 광개토 대왕릉비

▲ 장군총

▲ 무용총 수렵도

▲ 고구려 토기

고구려의 문화는

2. 백제의 문화유산을 보고 드는 느낌이나 생각을 한 문장으로 표현해 보세요.

▲ 무령왕릉 내부 모습(복원도)

▲ 백제 금동대향로

▲ 서산 마애 삼존 불상

▲ 정림사지 오층석탑

백제의 문화는

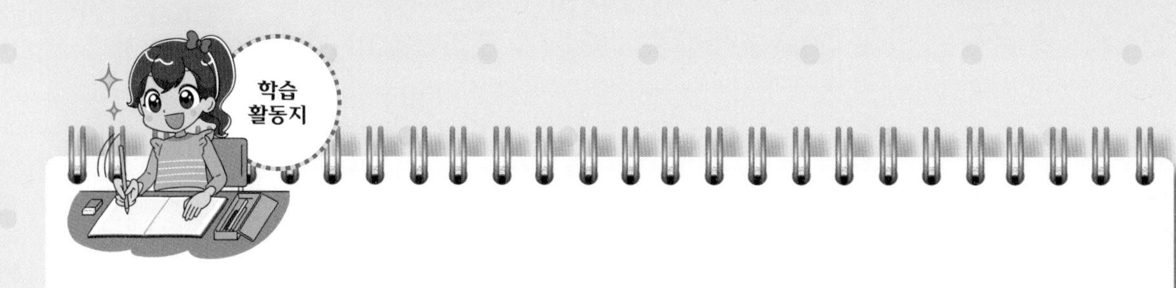

3. 신라의 문화유산을 보고 드는 느낌이나 생각을 한 문장으로 표현해 보세요.

▲ 천마총 금관 ▲ 천마총 천마도 ▲ 금관 장식 관모 ▲ 식리총 신발

신라의 문화는

4. 가야의 문화유산을 보고 드는 느낌이나 생각을 한 문장으로 표현해 보세요.

▲ 수레바퀴모양 토기 ▲ 뿔모양 잔 ▲ 금동관 ▲ 철제 갑옷

가야의 문화는

1 삼국의 무덤 형태

고구려 : 초기에는 돌을 쌓아 올려 피라미드 형태의 무덤인 돌무지무덤을 만들었는데, 나중에는 돌로 방을 만들고 그 위를 흙으로 덮어서 만들었어요. 이를 '굴식 돌방무덤'이라 합니다. 돌방의 벽과 천장에 그려진 벽화를 통해 고구려인의 진취적인 기상과 강인한 모습, 다양한 풍속을 살필 수 있지요.

▲ 돌방 무덤(모형)

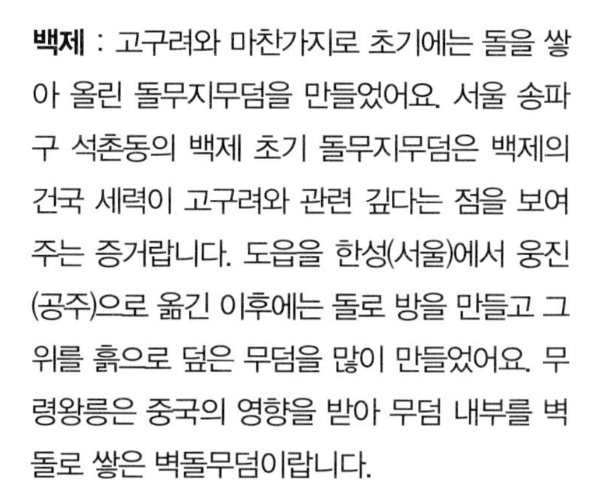

백제 : 고구려와 마찬가지로 초기에는 돌을 쌓아 올린 돌무지무덤을 만들었어요. 서울 송파구 석촌동의 백제 초기 돌무지무덤은 백제의 건국 세력이 고구려와 관련 깊다는 점을 보여 주는 증거랍니다. 도읍을 한성(서울)에서 웅진(공주)으로 옮긴 이후에는 돌로 방을 만들고 그 위를 흙으로 덮은 무덤을 많이 만들었어요. 무령왕릉은 중국의 영향을 받아 무덤 내부를 벽돌로 쌓은 벽돌무덤이랍니다.

▲ 서울 석촌동 고분
– 백제 초기 한성 시대 만들어진 돌무지 무덤이랍니다.

신라 : 나무로 덧널을 짜고 그 위에 돌을 쌓은 뒤 흙을 덮은 독특한 '돌무지 덧널무덤'을 만들었어요. 그 덕분에 신라의 고분들은 도굴이 어려워 많은 유물이 발굴되었어요.

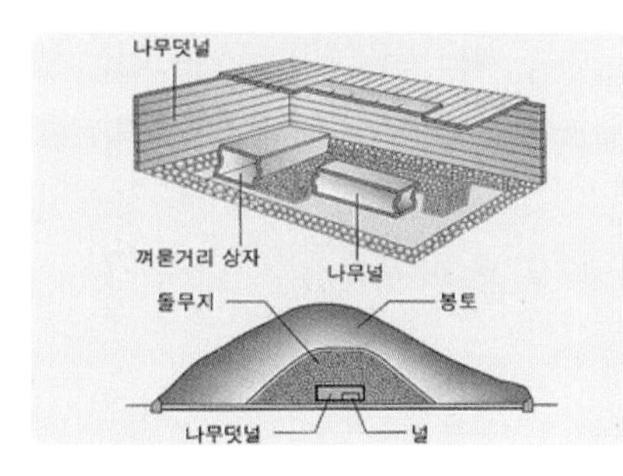

▲ 돌무지 덧널무덤

▶ 〈역사채널e – 황금을 지킨 신라 무덤의 트릭〉

▶ 〈JTBC–화려한 장신구로 온 몸을 감싸고, 1500년 전 무덤의 주인은〉

가야 : 삼국과 달리 산 위에 무덤을 많이 만들었어요. 가야 고분에서는 금동관, 철제 도구, 토기 등이 발굴되었답니다.

▲ 고령 지산동 고분

2 백제 금동대향로

충청남도 부여에서 출토된 백제의 향로에요. 높이 64cm, 무게 12kg이나 되는 유물로, 향을 피우는 그릇이죠. 예로부터 우리 조상들은 나쁜 냄새를 제거하고 부정을 없애고자 향을 피웠다고 합니다. 몸체는 활짝 피어난 연꽃 모양이며, 연잎의 표면에는 불사조와 물고기, 사슴, 학 등 26마리의 동물이 배치되어 있어요. 또한 산들이 입체적이고 사실적으로 표현되어 있지요.

이는 백제 사람들이 꿈꾸는 이상 세계를 나타내고 있는 것이랍니다. 백제 금동대향로는 중국 향로를 뛰어넘는 백제의 예술성과 독창성이 돋보이는 뛰어난 문화재라 할 수 있어요.

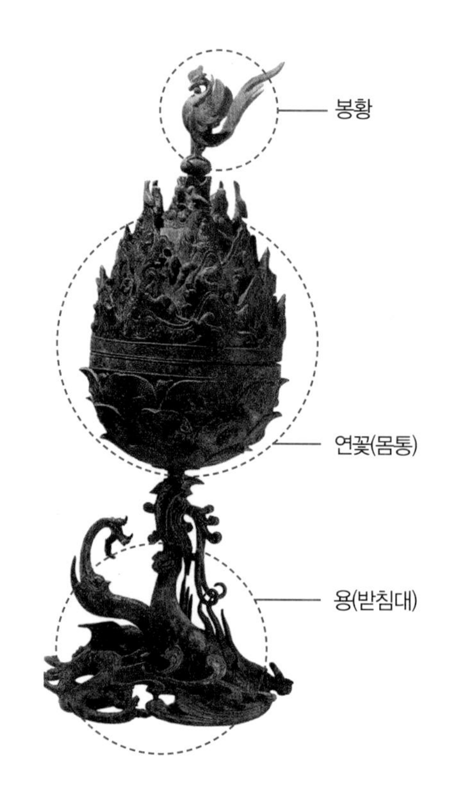

▶ 〈역사채널e – 역사를 바꾼 보물, 백제 금동대향로〉

❸ 삼국, 불교를 받아들이다

우리나라에 불교가 처음 수용된 것은 고구려 **소수림왕**(372년) 때 중국 전진의 승려 순도가 불상과 불경을 가지고 온 것으로 시작되었답니다. 이어서 백제는 **침류왕**(384년) 때 동진으로부터 마라난타가 불교를 가지고 들어왔습니다. 고구려와 백제는 큰 마찰 없이 왕실에 의하여 불교를 받아들였어요. 그리고 왕족과 귀족들의 적극적 지원을 받으면서 여러 곳에 절과 탑, 불상을 세웠지요.

한편, 신라는 5세기 눌지왕 때 고구려의 스님 묵호자가 불교를 전해 주었지만, 백성들에게만 전해졌지요. 한참을 지난 **법흥왕**(521년) 때가 되어서야 비로소 왕실에 불교가 알려지게 되었어요. 법흥왕은 불교를 일으키기 위해 절을 지으려 하였으나 처음에는 귀족들의 반대가 심하였답니다. 그러다가 527년(법흥왕 14년) 이차돈의 순교[1]를 계기로 불교를 공식적으로 받아들일 수 있었지요.

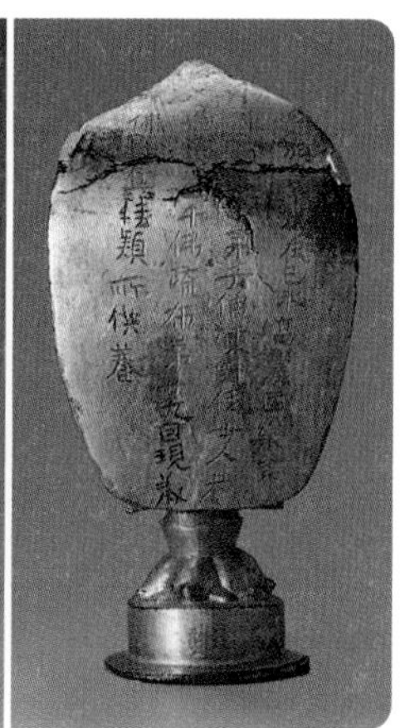

▲ 고구려 금동 연가 7년명 여래 입상(국립중앙박물관) – 불상 뒷면에 만든 까닭과 시기가 기록되어 있답니다.

▶ 〈5분사탐 – 고대 국가의 불교 수용, 이차돈의 순교〉

▲ 이차돈 순교비(국립 경주박물관)

---

1) 순교 : 자기가 믿는 종교를 위하여 목숨을 바침.

▲ 신라의 황룡사와 황룡사 구층 목탑(모형)

불교는 백성들을 하나로 모으고 왕권을 강화하는 역할을 하였고, 음악, 미술, 건축, 공예 등 선진 문물이 함께 전해지는 계기가 되었답니다. 또 삼국시대의 불교는 개인의 복을 비는 신앙이었지만, 국가의 발전을 비는 호국[2] 신앙의 성격도 강하게 띠게 되었어요.

그 예로 신라의 황룡사, 백제의 왕흥사 등 큰 절들은 대부분 부처님의 힘으로 나라를 보호하고 지키려고 세운 절 들이랍니다. 특히 선덕 여왕 때 만들어진 황룡사 구층 목탑은 신라 주변의 9개국이 항복해 오기를 바라면서 만들었다고 하는데, 그 높이가 무려 80m나 되는 엄청난 규모였다고 전해집니다.

▶ 〈황룡사 구층목탑〉

2) 호국 : 나라를 지키고 보호함.

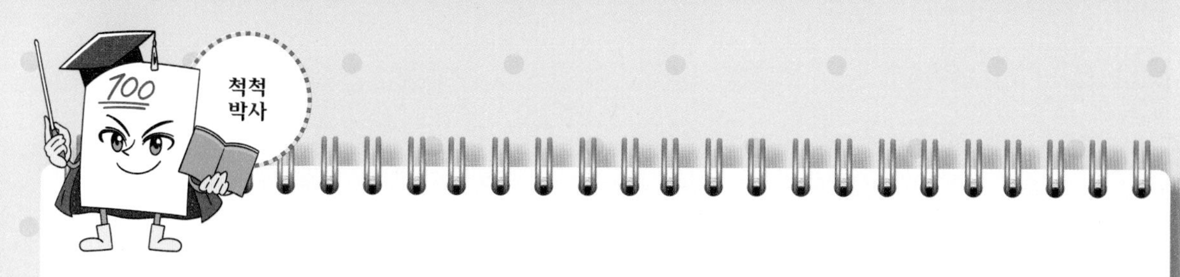

문제로 정리하기

1 고구려의 문화유산 중 유명한 것으로, 무덤의 벽면에 그린 그림을 무엇이라고 하나요? [ ]

2 삼국은 중국으로부터 받아들인 [ ]를 통해 중국뿐 아니라 중앙아시아의 학문, 음악, 공예, 건축, 미술 등 다양한 문화를 접하게 됩니다. 또한, 이를 통해 왕권을 더욱 강화시키고, 백성들의 마음을 하나로 모을 수 있었지요.

3 백제의 탑 중 현재까지 남아 있는 2가지 석탑의 이름은 무엇인가요?

[ ] [ ]

4 전 세계에서 발굴된 고대 금관의 절반 이상이 이 나라의 것입니다. 금을 다루는 뛰어난 기술을 가지고 있던 이 나라는 어디인가요?(　　　)

① 고려　② 고구려　③ 백제　④ 신라　⑤ 가야

5 삼국과 가야 문화의 특징을 바르게 연결하세요.

고구려 •	• 섬세하고 온화하며 우아한 아름다움
백 제 •	• 씩씩하고, 용맹한 기상
신 라 •	• 풍부한 철을 바탕으로 한 뛰어난 철기 문화
가 야 •	• 씩씩한 기상과 섬세한 아름다움

정답 **1** 고분 벽화 **2** 불교 **3** 미륵사지 석탑, 정림사지 오층 석탑 **4** ④ **5**

5 고구려의 수·당 전쟁과 신라의 삼국 통일

1. 고구려, 중국 수 · 당의 침략을 막아내다

★ 을지문덕, 수나라의 100만 대군을 물리치다

▶ 〈EBS 교양 – 국사이야기, 살수대첩〉

▶ 〈중국최고의 수나라가 유일하게 얻지 못한 나라〉

1) 진군 : 적을 치러 군대가 나아감.

▲ 을지문덕 (전쟁기념관)

오랜 분열과 혼란이 계속되던 중국이 6세기 말에 **수나라**에 의해 통일되었어요. 그 후 수나라 황제인 **양제**는 직접 113만 대군을 동원하여 고구려를 침공하였죠. 수나라는 고구려의 요동성을 공격하였으나 실패하였고, 정예 부대 30만 명의 군사들을 따로 보내 고구려의 수도였던 평양성을 치게 하였어요.

그러나 수나라의 군대는 고구려 **을지문덕** 장군의 꾀에 말려들어 평양성 부근까지 진군[1]하였다가 살수(지금은 청천강)를 건널 때 전멸당하고 맙니다. 이 큰 승리를 **살수 대첩**(612년)이라 해요. 수나라는 고구려와의 무리한 전쟁으로 나라의 힘이 약해졌고, 결국 전쟁에 지친 백성들의 반란으로 멸망하고 맙니다.

수나라 장수 우중문에게 보낸 시

신비로운 계책은 하늘의 흐름을 알아서 하고
기묘한 꾀는 땅의 이치를 다 알아서 하는 게지
싸움에서 이긴 공 높을 수밖에 없겠네
그만하면 족하니 이제 그치는 게 어떠한지

▲ 을지문덕

★ 양만춘, 안시성에서 당 태종을 물리치다

수나라의 뒤를 이은 **당나라**는 건국 초에는 고구려와 친하게 지냈으나 **태종**이 황제로 즉위한 뒤에는 두 나라의 관계가

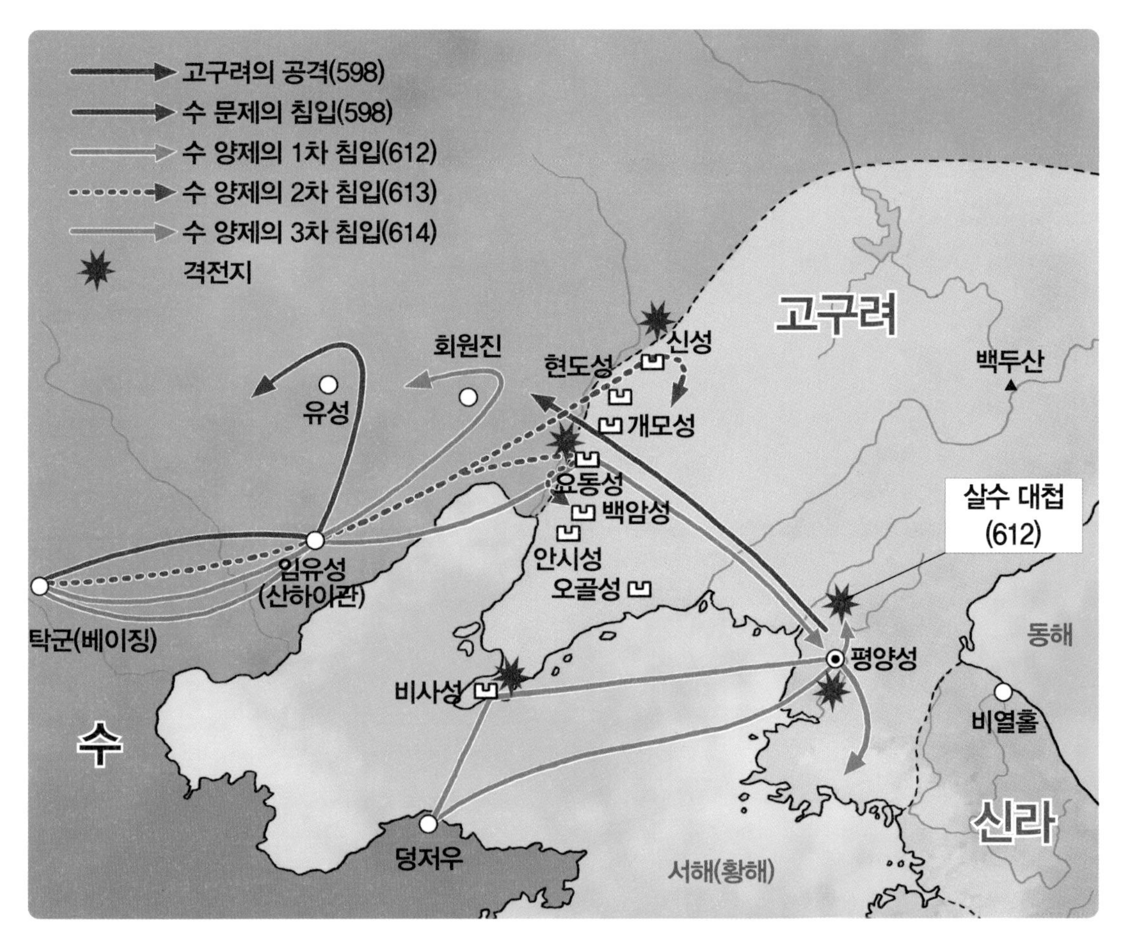

▲ 고구려와 수나라의 전쟁

1) 국경 : 나라와 나라 사이의 경계.

2) 양만춘 : 안시성 성주로 알려져 있으나, 조선 후기의 기록으로 정확한 이름인지는 알 수 없어요.

멀어지기 시작하였어요. 고구려는 국경[1]지방에 **천리장성**을 쌓고 방어 체제를 강화하는 등 당의 침략에 대비하였죠.

이때 고구려에서는 **연개소문**이 영류왕과 반대 세력을 제거하고 최고 지도자가 되어 당나라에 맞서고자 하였어요. 이에 당 태종은 직접 수십만 명의 군대를 이끌고 육군과 수군으로 양쪽에서 공격해 왔어요. 그러나 고구려 서쪽 국경의 중요한 요새였던 **안시성**에서 양만춘[2] 장군의 지휘 아래 군인

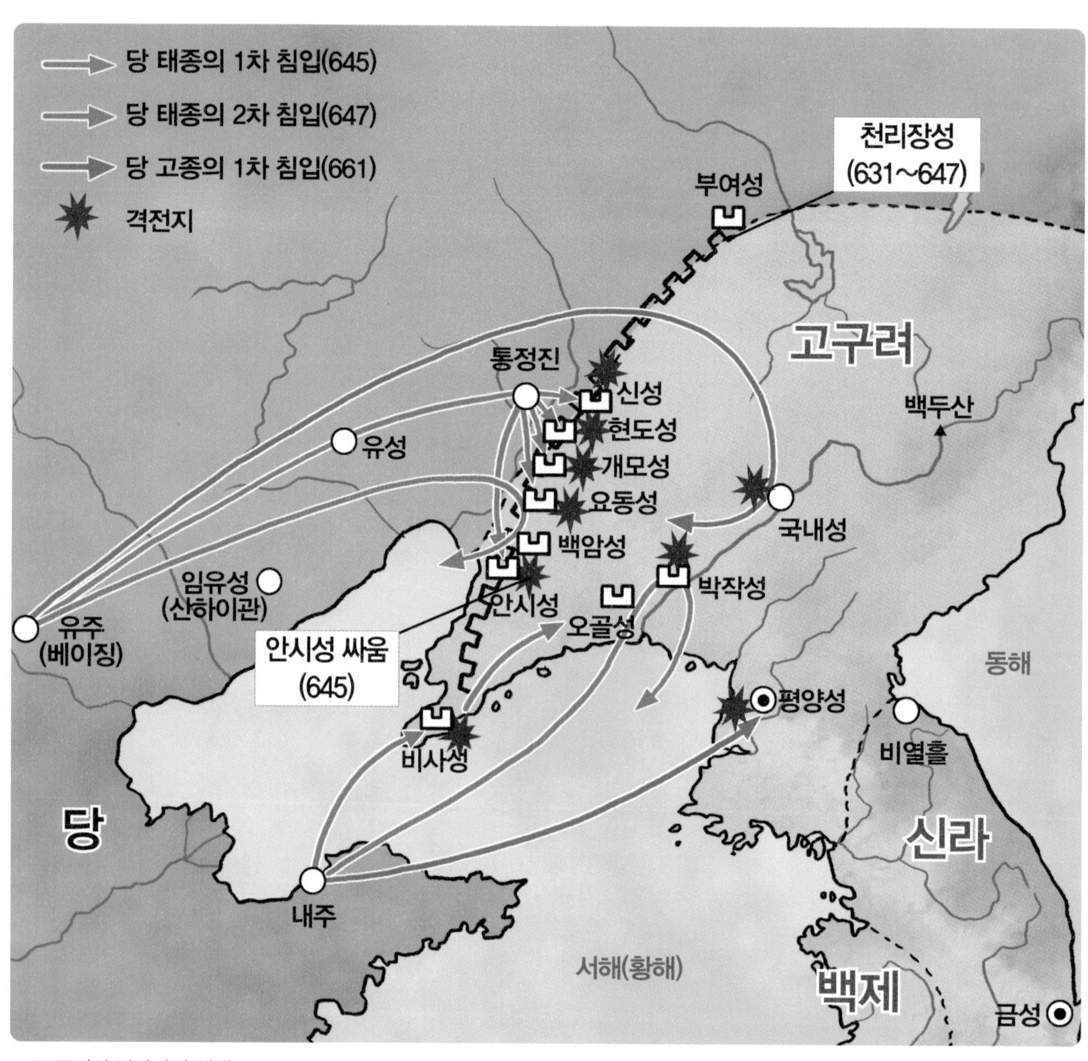

▲ 고구려와 당나라의 전쟁

들과 백성들이 하나가 되어 당나라의 대군을 물리쳤답니다(645년).

이와 같이 고구려가 수나라와 당나라의 거대한 침략을 막아 낸 것은 고구려 자신을 보호한 것만 아니라 **한반도 전체를 지켜냈다**는 **점**에서도 그 의미가 크다고 할 수 있어요.

2. 신라, 삼국을 통일하다

★ 백제와 고구려가 멸망하다

방심한 백제, 나 · 당 연합군에 멸망하다

고구려가 수 · 당과 치열한 전쟁을 계속하고 있는 동안 백제는 신라를 연이어서 공격하였어요. 나제 동맹으로 함께 되찾은 한강 유역을 신라의 배신으로 빼앗기고, 백제의 **성왕**이 **신라군에 의해 죽임**을 당했기 때문이지요.

▲ 관산성(충북, 옥천)
관산성은 삼년산성으로 불린 나지막한 산성으로 성왕이 그 근처인 구천에서 신라의 매복에 의해 죽임을 당했다고 합니다.

백제는 **의자왕**이 즉위하면서 더욱 강하게 신라를 몰아붙여 신라의 40여 개의 성을 빼앗고, 고구려와 함께 한강 유역도 공격하였답니다.

위기에 처한 신라는 **김춘추**를 고구려로 보내 도움을 요청하였으나 연개소문은 오히려 신라가 빼앗은 고구려 땅을 돌려줄 것을 요구하였지요. 이에 신라 김춘추는 당나라로 건너가 **신라와 당나라의 동맹(나당 동맹)**을 맺게 됩니다. 그는 당나라와 함께 백제를 정복한 후 강력한 고구려를 공격한다는 전략을 세웠어요.

▶ 〈황산벌전투
[출처 – 백제문화단지]〉

신라는 대장군 **김유신**을 앞장세워 5만의 대군을 이끌고 진군하였고, 당나라군도 소정방이 거느린 13만 대군이 바닷길

을 통해 백제를 공격하였어요. 준비를 못 하고 있던 백제는 다급히 **계백** 장군의 5천 결사대로 **황산벌**에서 신라군에게 저항하였지만, 결국 신라군이 승리하게 되었지요.

1) 함락 : 적의 요새 · 진지 따위를 쳐들어가서 빼앗음.

수도였던 **사비성**은 끝내 함락[1]되고 백제의 의자왕은 포로가 되어 당나라로 끌려가면서 **백제**는 **멸망**하게 됩니다(660년).

▶ 〈백제의 멸망〉

▲ 계백 장군과 5천 결사대(충남, 부소산성)

지배층의 권력 다툼으로 고구려가 멸망하다

신라와 당나라는 백제를 멸망시킨 후 계획대로 고구려를 공격하였어요. 당나라 대군이 고구려의 평양성을 공격하였지만 고구려는 7개월 동안 평양성을 방어하였고, 결국 당나라 군대는 후퇴합니다(661년).

하지만 고구려는 계속된 전쟁으로 국력[1]이 약해졌고, 민심도 어지러웠어요. 그나마 **연개소문**이 있을 때는 하나로 뭉쳐

1) 국력 : 나라의 힘.

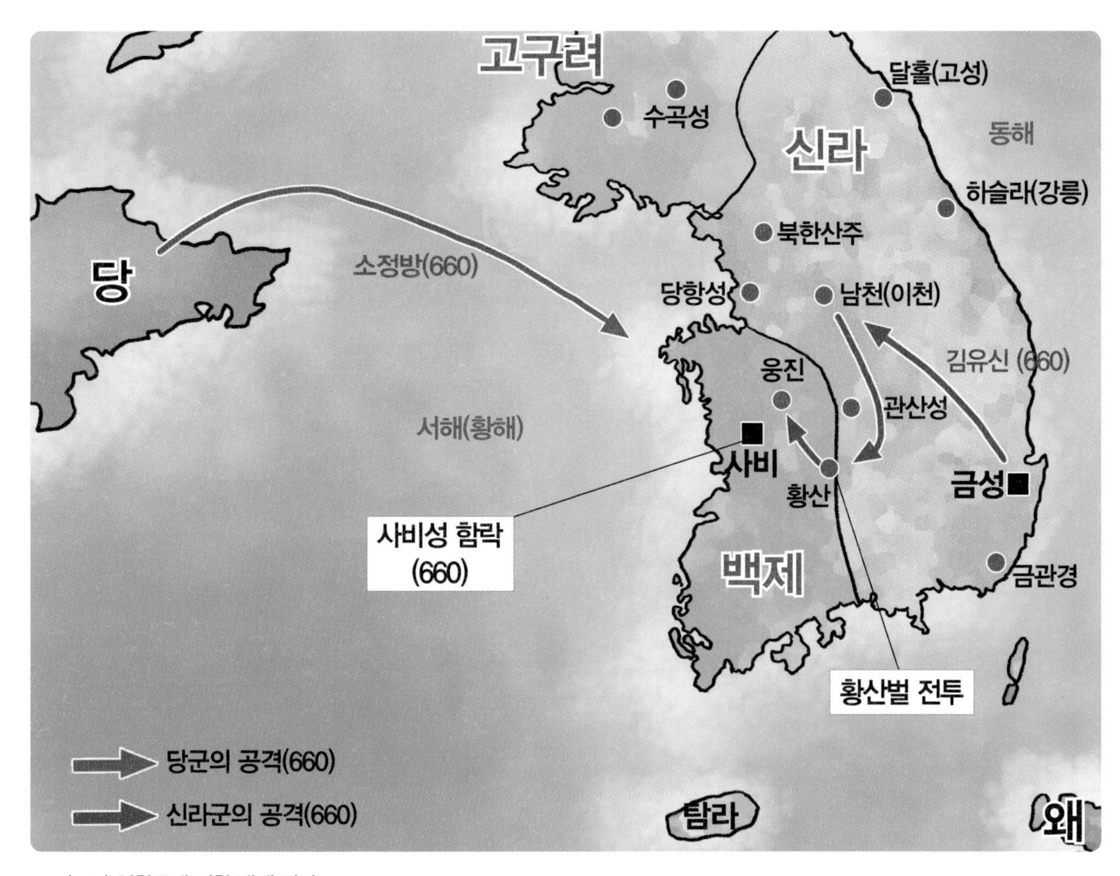

▲ 나 · 당 연합군에 의한 백제 멸망

당나라의 침략을 잘 막아냈지만, 절대 권력자 연개소문이 죽자 그의 세 아들들은 권력을 놓고 서로 싸움을 벌였어요. 형제간의 권력 다툼에서 패한 큰아들 남생이 당나라로 도망가자, 당나라는 고구려의 지리[2]와 군사 배치를 잘 아는 남생을 앞세워 고구려를 다시 공격하였습니다.

평양성의 백성들과 군인들은 한 달 가까이 용감히 성을 지켰지만, 결국 보장왕이 항복하고 **평양성이 함락**되면서 **고구려도 멸망**하고 말지요(668년). 이로써 만주 벌판을 달리며 크게 기상[3]을 떨쳤던 고구려가 사라지고, 그 땅은 당나라와 신라에 의해 나눠지게 됩니다.

2) 지리 : 어떤 땅의 모양이나 길, 강, 산, 들의 위치.

3) 기상 : 사람이 타고난 올곧은 마음씨와 그것이 겉으로 드러난 모양.

★ 신라, 당나라를 몰아내고 삼국 통일을 완성하다

백제와 고구려가 멸망한 후, 당나라는 신라와의 동맹을 깨고 한반도 전체를 지배하려는 야심을 드러냈어요. 이에 **신라는 백제, 고구려** 유민[1]**들과 함께** 당나라를 몰아내기 위한 전쟁에 나섰지요. 신라군은 당나라의 20만 대군을 **매소성**(경기도 연천 지방)에서 크게 물리치고, 당의 수군을 금강 하류

1) 유민 : 망하여 없어진 나라의 백성.

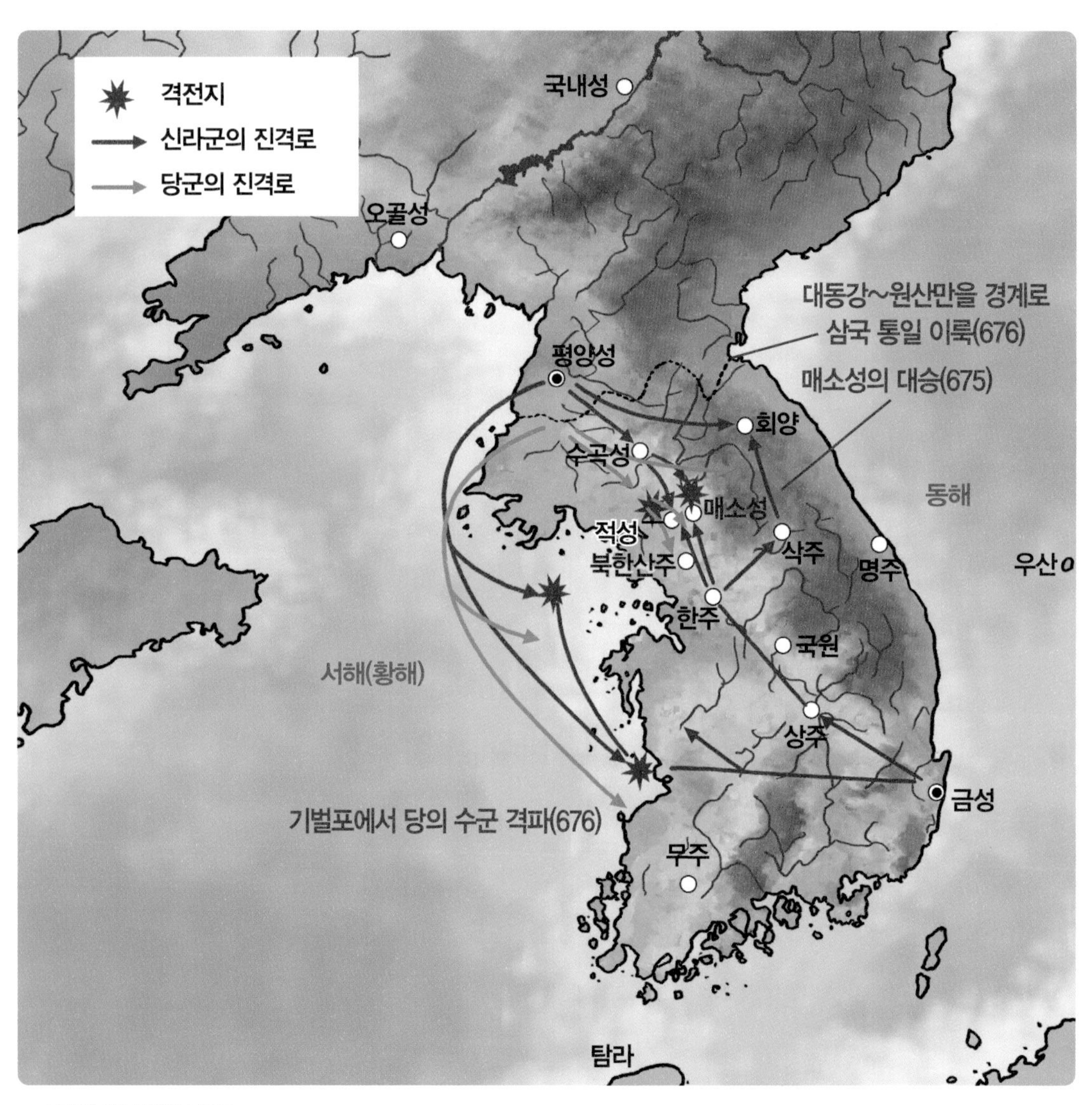

▲ 신라와 당나라와의 전쟁

인 **기벌포**(충청남도 서천 앞바다)에서 격파[2)]하였어요.

2) 격파 : 쳐부숨.

결국 **신라 문무왕**은 대동강 이남 땅에서 당나라 군대를 완전히 몰아냄으로써 **삼국 통일을 완성**하였답니다(676년). 신라의 삼국 통일은 **당나라의 도움**을 얻었다는 점과 광활한 **고구려의 영토를 상실**하였다는 점에서는 한계가 있지요. 그러나 **우리 민족이 이룬 최초의 통일**로서 새로운 민족 문화의 기틀을 마련하였다는 데에서 커다란 의미가 있답니다.

▲ 문무대왕릉(경북 경주) – 대왕암이라고도 불리는 수중릉으로, 이는 문무왕이 죽은 후 바다의 용이 되어 신라를 지키고자 하였기 때문입니다.

▶ 〈EBS 다큐프라임 – '한국사 오천년, 생존의 길' 제1부– 신라는 어떻게 살아남았나?〉

생각해 보기

가장 뒤늦게 발전한 신라가 삼국 통일을 하다니! 그 까닭은 무엇일까?

신라는 삼국 중 가장 늦게 발전했지만, **화랑 제도**를 정비하여 김유신과 같은 유능한 인재들을 키워나가고 나라의 힘을 하나로 모았답니다. 화랑 제도를 중심으로 전쟁에서 반드시 승리하겠다는 강한 정신력과 애국심을 키워 나갔죠. 백제 의자왕이 충신들의 말을 무시하고, 고구려 연개소문의 아들들이 서로 다투어 혼란스러웠던 것과 비교되는 모습이지요.

또한 신라는 삼국 초기에 백제, 고구려가 한강 유역을 차지하고 있고 한반도 동남쪽에 치우쳐 위치하고 있어서 중국과 교류하기가 쉽지 않았어요. 그래서 새로운 문물과 불교를 받아들이는 것도 가장 늦었지요. 그러나 **진흥왕**이 **한강 유역을 차지**한 후에는 중국으로 가는 **바닷길을 확보**할 수 있게 되었고 후에 당나라와 동맹을 맺게 됩니다. 한강 유역의 확보와 **중국과의 외교**도 신라가 삼국 통일을 하는 계기가 되었다고 할 수 있죠.

1 삼국 통일 이전의 상황 알아보기

1. 다음은 삼국 통일 시기 여러 나라의 관계에 대해 설명한 글입니다. 빈칸에 들어갈 알맞은 말을 〈보기〉에서 골라 봅시다.

[㉠] 는 한반도 북부와 만주의 넓은 영토를 차지하며 동북아시아의 강대국이 되었습니다. 그러나 6세기 후반 오랫동안 혼란한 상태에 있었던 중국을 통일한 [㉡] 가 113만 대군을 이끌고 고구려를 침략하였지요. 그러나 [㉢] 이 이끈 고구려군은 이를 크게 물리쳤답니다.

고구려와의 무리한 전쟁으로 [㉡] 가 멸망하고 당나라가 세워집니다. 당나라도 대군을 이끌고 고구려를 침략하였으나 [㉣] 의 성주와 백성이 힘을 모아 당의 군대를 막아 냈지요.

고구려가 중국의 침략을 막아 내고 있을 때, 신라는 [㉤] 의 공격을 받아 많은 영토를 잃고 어려움에 처해 있었답니다. 이에 신라는 [㉥] 를 당나라에 보내 도움을 요청하였고, 그 결과 신라와 당의 연합이 이루어집니다.

〈보기〉
백제, 고구려, 김춘추, 안시성, 을지문덕, 수나라

㉠ : ㉡ : ㉢ :

㉣ : ㉤ : ㉥ :

2. 위의 글을 볼 때, **고구려**는 한반도에서 어떤 **역할**을 하였는지 적어 봅시다.

3. 고구려의 **을지문덕** 장군이 수나라의 군대를 유인하여 **청천강**에서 **승리**한 싸움을 무엇이라고 하나요?

( )

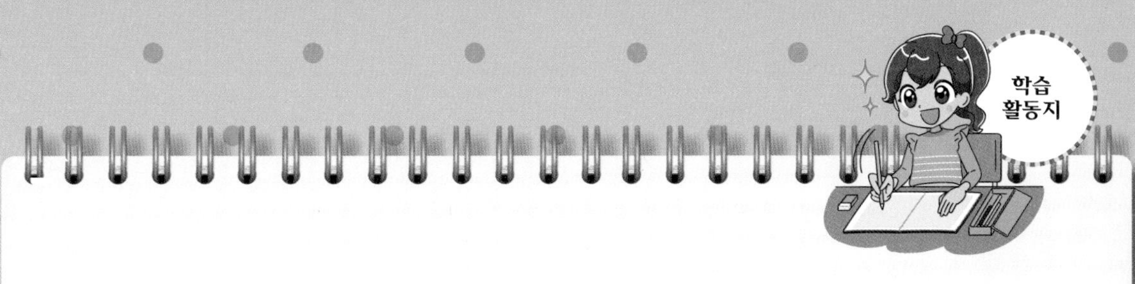

② 삼국의 통일과정 알아보기

1. 〈보기〉의 사건이 일어난 순서에 맞게 차례대로 그 기호를 적어 봅시다.

〈보기〉

❶ 백제의 멸망 ❷ 신라와 당나라의 전쟁 ❸ 삼국 통일 ❹ 고구려의 멸망

→ → →

2. 신라의 삼국 통일이 가지는 **역사적 의미**와 그 **한계점**을 적어 봅시다.

3. 가장 뒤늦게 발전한 **신라**가 **삼국 통일**을 할 수 있었던 **이유**를 적어 봅시다.

1 연개소문에 대한 평가

연개소문은 수염이 길고 몸집이 크며 칼을 5 자루나 차고 다녔다고 해요. 사람들이 감히 똑바로 쳐다보지 못할 정도로 위엄이 있었다고 전해집니다. 그는 뛰어난 군사 지도자로 당나라와의 전쟁을 고구려의 승리로 이끌기도 하였지요.

후에 역사학자 박은식은 『연개소문전』에서 그를 나라를 지킨 영웅으로 평가합니다. 그러나 『삼국사기』를 쓴 김부식은 왕을 죽인 반역자로 결국에는 고구려를 멸망하게 한 인물로 평가하기도 하지요. 과연 여러분은 연개소문에 대해 어떻게 평가를 하겠습니까?

▶ 〈김유신과 계백〉

2 삼국 통일의 영웅, 김춘추와 김유신

김춘추는 웅변[1]에 능하고 외교 능력이 뛰어나 선덕 여왕 때 신라의 외교관으로, 당나라에 다녀왔어요. 김춘추는 당나라에 건너가 백제를 공격하기 위한 군대를 요청해 당나라 황제로부터 군사 지원을 약속받았답니다(649년). 이후 진덕 여왕에 이어 김춘추가 왕위에 올랐어요(654년). 그가 바로 태종 무열왕이랍니다. 무열왕은 법을 새로 정비하고 왕권을 강화한 뒤 백제와 고구려를 공격하였죠. 그는 당나라와 함께 본격

---

1) 웅변 : 조리가 있고 거침이 없이 당당하게 말함.

적인 백제 정벌에 나섰고 결국 백제를 멸망시켰습니다(660년). 비록 삼국 통일은 그의 아들 문무왕 시대에 이루어졌지만, 삼국 통일의 시작은 김춘추, 즉 태종 무열왕의 공이었답니다.

▲ 김유신 묘(경북, 경주)

한편, 금관가야의 왕족이었던 김유신은 가야가 신라에 항복할 때 신라의 진골 귀족 가문이 되었지요. 용맹[2]과 지략[3]이 뛰어난 김유신은 15세 때부터 화랑이 되어 활약하였어요. 학문이 깊고 무예가 뛰어난 그는 신라의 오랜 꿈인 삼국 통일의 의지를 키워나갔답니다.

결국 김유신은 신라군의 총사령관으로 당나라군과 연합하여 백제를 멸망시키고, 이어 고구려도 멸망시켰어요. 이후 당나라가 신라마저도 정복하려 하자, 김유신은 고구려, 백제 유민들과 힘을 합쳐 이를 물리침으로써 삼국 통일을 이룩하였습니다.

▲ 김춘추 영정

▲ 김유신 영정

▲ 태종 무열왕릉비

2) 용맹 : 용감하고 사나움
3) 지략 : 슬기로운 계략

③ 고선지 장군 이야기

고선지는 고구려의 유민으로 당나라에서 태어났어요. 고구려가 멸망한 후 많은 고구려인들이 당나라에서 활동하고 있었거든요. 고선지의 아버지인 고사계도 당나라의 장군으로 활약했지요. 고선지도 아버지의 영향으로 군인이 되었고, 스무 살 때는 장군이 되었습니다.

고선지는 741년 당나라의 서쪽 끝에 위치한 탈해부 지역의 반란[1]을 성공적으로 진압하였어요. 그 공으로 비단길[2]과 서역[3]지역을 관리하는 높은 장군이 되었지요. 그때 마침 토번(지금의 티베트)이 세력을 키우고 당나라를 위협하기 시작하였습니다. 토번은 북부 파키스탄의 소발률국이라는 나라와 동맹을 맺어 더욱 위협을 했고, 당나라의 황제는 소발률국을 공격하기로 했어요. 그리고 사령관으로 고선지 장군이 뽑혔습니다.

고선지 장군은 머나먼 소발률국을 치기 위해서 험난하기로 이름난 파미르고원을 넘기로 했어요. 파미르고원은 높이 5,000m가 넘는 산맥들로 이루어져 있어 '세계의 지붕'이라고 불리는 곳이에요. 가파른 절벽과 험한 길이 많아 이 산맥들을 넘는 것은 정말 위험한 일이었습니다. 그런데도 고선지 장군은 망설임 없이 무거운 갑옷과 무기를 든 1만여 명의 군사를 지휘하며, 파미르고원을 넘는 원정길에 올랐어요.

고선지의 지휘와 격려로 당나라 군사는 기적과 같이 파미르고원을 무사히 넘었어요. 그리고 한밤 중 거센 물살이 흐르는 강을 건너는 기습작전으로 토번 군대를 물리치고 소발률국도 쉽게 정복해 버렸답니다.

---

1) 반란 : 지배자에 대항에서 전쟁을 일으킴.

2) 비단길 : 아시아 대륙 한가운데를 가로질러 중국과 서아시아 · 유럽을 연결했던 고대의 무역로. 실크 로드(Silk Road)라고도 불림.

3) 서역 : 중국의 서쪽 나라들을 일컫는 말. 일반적으로 중앙아시아 · 서부아시아 · 인도를 말함.

고선지 장군은 가는 곳마다 승리하였어요. 그는 이 원정에서 소발률국은 물론 서역의 72개 나라에서 항복을 받아 내었지요. 고선지 장군은 이 승리로 당나라의 대장군으로 임명되었답니다.

고선지 장군은 계속해서 큰 활약을 펼칩니다. 2차 서역 원정 때 탈라스 전투에서는 비록 패했지만, 이 전쟁을 통해 서역에 여러 가지 중국의 기술이 전해져요. 특히 종이 만드는 방법과 나침반 등이 전해지게 되었고, 이는 세계 역사를 바꾸는 중요한 사건이 되지요.

고선지 장군은 755년 당나라에 큰 반란(안녹산의 난)을 막던 도중에 그를 시기하던 한 부하의 모함을 받아 억울하게 죽게 됩니다. 하지만 고선지 장군은 죽은 후에도 중국의 많은 역사책에 기록되어 높은 평가를 받고 오늘날까지 전해지고 있습니다.

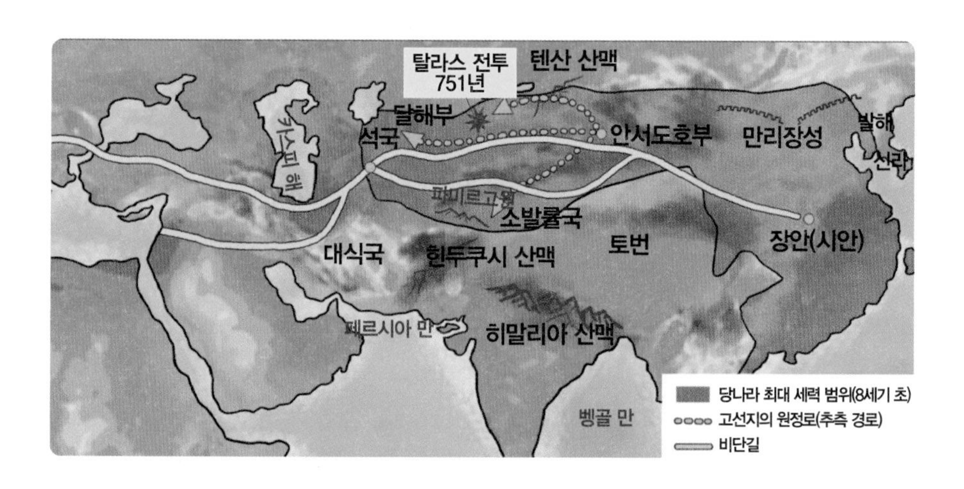

▶ 〈파미르 고원을 넘은 대원정, 고선지 장군〉

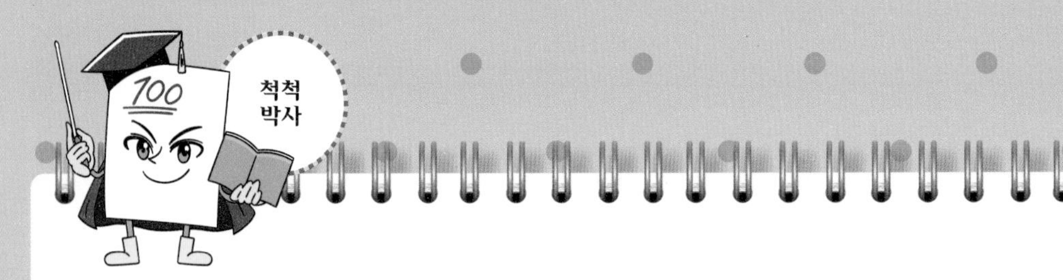

문제로 정리하기

1 고구려의 국력이 약해진 이유는 무엇인가요?

2 고구려와 백제의 공격을 받고 위기에 처한 신라는 어떻게 대응을 하였나요?

3 삼국 통일에 큰 공을 세운 두 인물은 누구입니까? (　　　,　　　)

① 계백　② 고선지　③ 김유신　④ 김춘추　⑤ 연개소문

4 신라가 당나라와 전쟁을 벌이게 된 까닭은 무엇입니까?

5 삼국 통일을 달성한 왕은 누구입니까? (　　　)

① 의자왕　② 영류왕　③ 보장왕　④ 무열왕　⑤ 문무왕

정답 **1** 수, 당과의 전쟁 **2** 당나라와의 동맹(나·당 동맹) **3** ③, ④ **4** 당나라가 한반도 전체를 차지하려고 하였기 때문에 **5** ⑤

MEMO

6 남북국(통일신라와 발해) 시대의 전개

1. 통일 후 신라가 더 발전하다

★ 민족을 통합하고 나라를 안정시키다

신문왕릉(경북, 경주)

신라는 삼국 통일로 영토와 인구가 많이 늘어났고, 백제, 고구려 유민들과 힘을 합쳐 당나라 군대를 몰아내는 과정에서 서로 **하나의 민족이라는 의식**도 생겨나게 되었어요. 또한 **무열왕**(김춘추)의 뒤를 이은 **문무왕**은 통일 전쟁을 승리로 이끌면서 왕의 권위를 크게 높였지요. 이어서 **신문왕**도 다른 귀족 세력들을 누르고 더욱 **강력**하게 **왕권**을 높였답니다.

통일 과정에서 나당 전쟁을 겪으며 신라와 당나라와의 관계는 나빠졌지만, 시간이 흐르면서 차츰 관계가 다시 좋아졌습니다. 당나라로서는 698년 건국한 발해를 견제[1]하기 위해서, 신라는 당나라의 선진 문물을 받아들이고 싶은 욕구가 컸기 때문이지요.

1) 견제 : 한쪽이 지나치게 세력을 펴거나 자유로운 행동을 하지 못하게 억누름.

신라는 통일 국가에 걸맞게 여러 제도를 정비하였어요. 우선, 영토가 크게 넓어짐에 따라 지방 통치 조직을 **9주 5소경**으로 새롭게 정비하였어요. 전국을 9주로 나누고, 5소경이라는 5개의 큰 도시를 두어 나라를 효과적으로 다스리고자 한 것입니다.

군사 제도도 새롭게 정비하였어요. 중앙 군대인 **9서당**과 지방군대인 **10정**을 조직하여 운영하였는데, 중앙 부대인 9서당의 경우 신라인뿐 아니라 **고구려 · 백제 유민**을 **포함**시켜 민족 통합에 노력하였답니다.

통일신라는 상업도 크게 발달했어요. 나라 곳곳에 큰 시장이 들어섰고, 활발한 대외 무역을 통해 당나라뿐 아니라

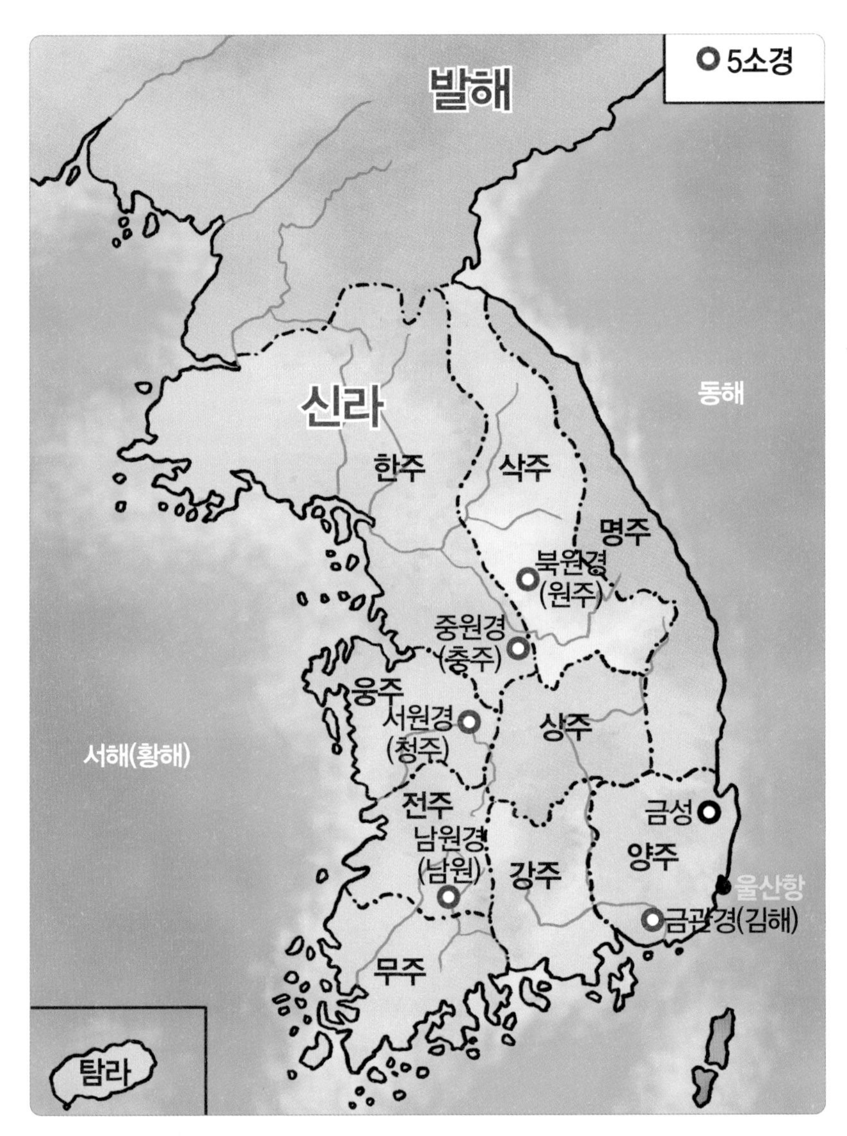

▲ 통일신라 시대의 9주 5소경

▶ 〈역사채널e
– 신라의 유리병〉

서역의 아라비아 상인들과도 교류를 하였답니다.

특히 **울산항**은 국제 무역항으로 크게 번성하였는데, 당시 **아라비아 상인**들이 가져온 향신료, 양탄자 등은 신라 귀족들에게 매우 인기가 높았다고 해요. 또한, 신라인들이 자주 당나라를 오고 가면서 당나라에는 **신라인 마을**과 **관청**, **절**까지 생겨났다고 합니다.

서역[1]적 요소를 가진 문화재

▲ 서경주 계림로 보검(국립경주박물관)
– 신라보검이라고도 하는데, 형태와 장식의 수법이 서역의 칼과 같아 서역에서 온 것으로 추정합니다.

▲ 원성왕릉(괘릉) 무인상
– 턱수염이 있는 전형적인 서역인의 모습이에요.

▲ 유리잔 – 서역에서 전해 온것으로 전해집니다.

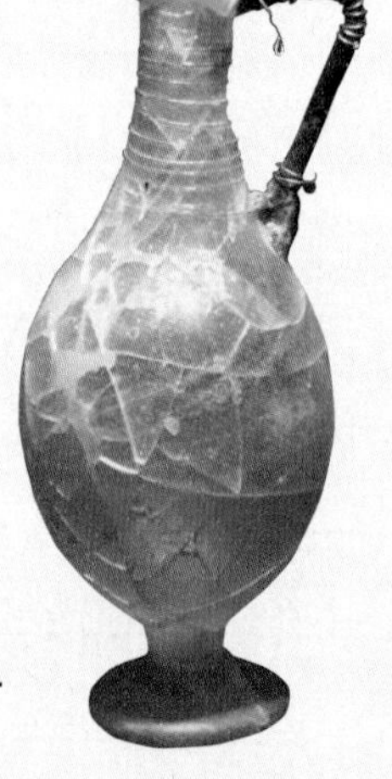

▶ 유리병(국립 경주 박물관)
– 황남대총에서 출토되었어요.

1) 서역 : 우리나라와 중국의 서쪽에 있는 나라들을 일컫는 말.

★ 불교를 중심으로 민족 문화의 꽃을 피우다

통일 신라는 사회가 안정되면서 삼국의 수준 높은 문화 유산을 하나로 모았어요. 고구려와 백제의 우수한 기술과 신라의 예술성을 조화시켜 찬란한 문화를 이룩하였지요.

▶ 〈문화포털 한국문화 100 – 인류 최고의 건축물 석굴암〉

특히, 통일 신라 시대는 불교가 일반 백성들에게까지 널리 퍼지며 **불교문화**가 크게 발전하였고 이에 따라 불교 유적과 유물인 절과 불상, 탑, 범종 등이 많이 만들어졌답니다. 대표적 문화재가 바로 **불국사**와 **석굴암**이에요.

▲ 불국사(경북, 경주) – 삼층 석탑과 다보탑, 청운교와 백운교 등 수 많은 불교 유산이 있어요.

▲ 석굴암(경북, 경주) – 천장을 둥글게 쌓고 자연적으로 습기를 차단하는 등의 건축 기법이 매우 과학적이에요.

석굴암은 인공적으로 만든 석굴과 불상 조각의 예술성이, 불국사는 돌과 나무 건축의 조화가 뛰어납니다. 경주 토함산의 아름다운 자연환경과 어우러진 불국사와 석굴암은 통일 신라 불교 예술의 최고 걸작으로 유네스코 세계 문화유산으로 등록[1]되었지요. 더불어 불국사에 있는 **다보탑과 석가탑(불국사 삼층석탑)** 역시 우리나라를 대표하는 탑이랍니다.

▶ 〈EBS 교양 – 세계 유일 인조 석굴, 신라의 과학기술과 예술의 집대성〉

이 밖에도 통일 신라는 불경을 **인쇄하는 기술**이 발달하여

1) 등록 : 문서에 올리거나 적어 둠

▶ 〈EBS 교양
– 세계문화유산 경주〉

▶ 불국사 다보탑

▶ 불국사 삼층 석탑(석가탑)

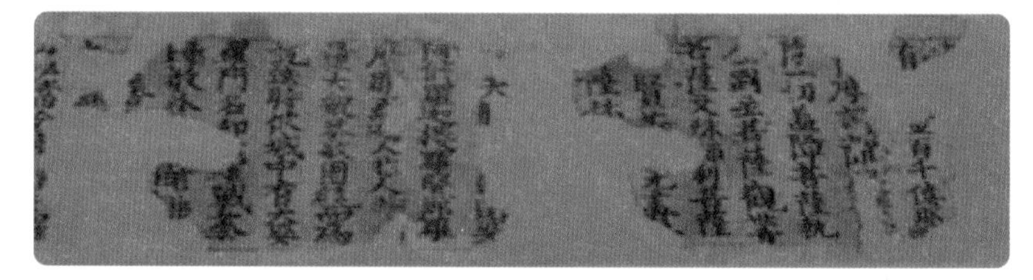

▲ 무구정광대다라니경 – 불국사 삼층 석탑을 보수하는 과정에서 발견되었답니다.

불교의 가르침이 널리 퍼지게 되었어요. 경주 불국사 석가탑 안에서 발견된 **무구정광대다라니경**은 현재 **세계에서 가장 오래된 목판 인쇄물**로 평가받고 있습니다. 당시 통일 신라의 인쇄술이 얼마나 뛰어났는지를 말해 주고 있지요.

약 천 년 동안 신라의 도읍지였던 **경주**는 불교 유적, 신라 지배층의 무덤과 건축물 등 수많은 문화재가 남아 있어요. 신라 문화의 아름다움과 뛰어남을 곳곳에서 볼 수 있는 경주 역시 세계 문화유산으로 등록되어 그 가치를 인정받고 있답니다.

▶ 〈KBS – 한국의 유산 무구정광대다라니경〉

2. 고구려의 후예, 발해가 세워지다

★ 고구려 유민 대조영, 발해를 세우다

고구려가 멸망한 후 고구려 유민들은 여러 갈래로 나뉘어지게 되었어요. 일부는 당나라로 끌려가기도 하였으나, 많은 유민들은 당나라에 적극적으로 대항[1]하였지요. 고구려가 멸망하고 30년이 지난 시기에 당나라의 횡포에 시달리던 거란이 반란을 일으키는 사건이 벌어집니다.

1) 대항 : 서로 상대하여 덤빔.

이 혼란을 틈타 **고구려 유민인 대조영**은 고구려인과 말갈인을 이끌고 옛 고구려 땅으로 이동하였어요. 대조영은 추격해 오는 당나라 군대를 무찌르고 고구려 유민과 말갈인을 모아 **동모산**에 도읍을 정하고 **발해**를 세웠답니다(698년).

발해의 건국으로 우리 역사는 남쪽으로 통일 신라와 북쪽으로는 발해가 마주 대하는 시대를 이루게 되었어요. 이를 '**남북국 시대**'라고 부른답니다.

▲ 동모산(중국 지린)

▶ 〈반크 역사 채널 – 발해〉

발해는 **고구려의 뒤를 이은 나라**였어요. 우선 발해를 건국한 대조영을 비롯하여 많은 발해의 지배층이 **고구려의 왕족과 귀족 출신**이었지요. 발해의 관리들 중 다수가 고구려 왕족이었던 '고'씨였던 것이 그 증거예요.

또한, 발해는 **일본에 보낸 외교 문서**에 자신의 나라를 고(구)려로, 발해왕은 자신을 고(구)려 국왕으로 칭하여 고구려 계승 의식을 분명히 하였답니다.

★ 발해, 동쪽의 번성한 나라 '해동성국'을 이루다

건국 후, 발해는 고구려를 멸망시킨 당나라와 신라에 대해 적대적[1)]일 수밖에 없었어요. 발해는 당나라를 견제하며 주변 영토를 넓히면서 북쪽으로는 돌궐, 남쪽으로는 바다 건너

1) 적대적 : 적으로 맞서는 것.

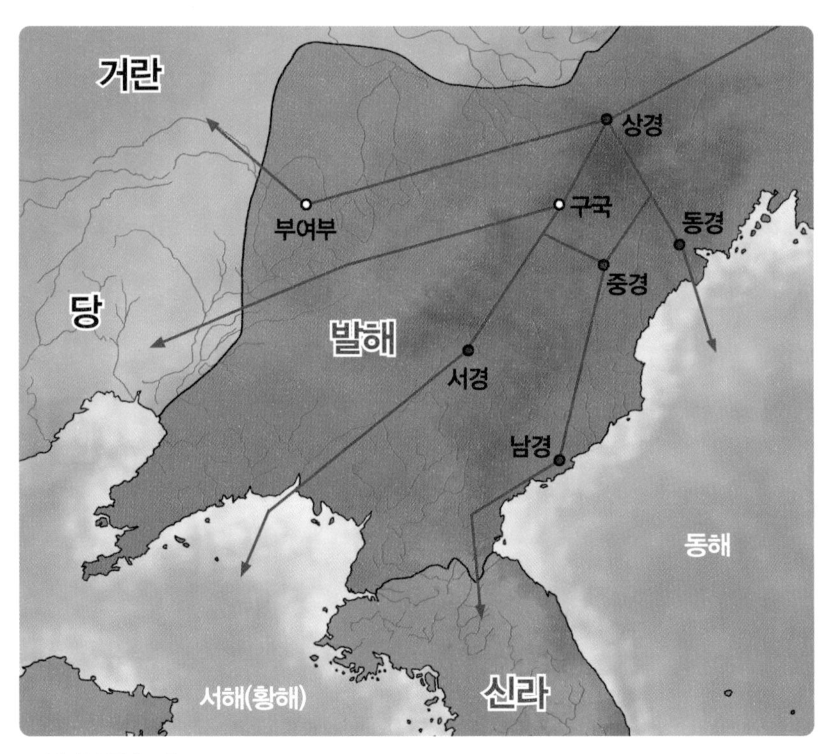

▲ 발해의 국제교류

일본과 친선[2] 관계를 맺었지요. 이때 일본 국왕은 **발해 사신**들을 극진히 대접하고, 그들을 일러 '**고구려 사절**'이라 하며 발해가 고구려의 후예임을 인정하였답니다.

2) 친선 : 서로 간에 친밀하여 사이가 좋음

발해 초기, 당나라가 신라와 말갈을 이용하여 발해를 견제했기 때문에 발해 **무왕**은 **당나라를 먼저 공격**하기도 했어요. 이후, **문왕** 때에는 외교 정책을 바꾸어 **당나라와 친선 관계**를 맺고 당나라의 발달한 문물을 받아들이는 데 힘썼지요. 이 무렵에는 발해와 신라 사이에도 교류가 이루어졌답니다. 신라가 발해에 사신을 보냈고, 신라 국경에서 발해의 수도인 동경까지 사신을 위한 역[3]이 설치되기도 했답니다.

3) 역 : 공문서를 중간에서 이어 전달하고, 공무로 다니던 관리들에게 말을 제공하던 곳.

발해가 가장 발전했던 시기는 9세기 **선왕** 때였어요. 이 무렵 발해는 당나라에 유학생을 적극적으로 보내어 발전된 제도와 문화를 받아들였지요. 한편 말갈의 여러 부족을 복속[4]시키고, 서쪽으로는 요동 지방까지 진출하여 고구려의 옛 땅을 대부분 되찾았답니다. 넓은 영토는 **5경 15부 62주**로 정비하여 효과적으로 다스렸어요. 그리하여 당시 중국에서는 발해를 '바다 동쪽의 번성[5]한 나라'라는 뜻을 가진 '**해동성국**'이라고 불렀답니다.

4) 복속 : 복종하여 따름.

5) 번성 : 한창 잘되어 성함.

★ 발해의 문화, 고구려를 계승하다

발해는 **고구려 문화**를 기반으로 **당나라와 말갈의 문화**를 합쳐 독창적인 문화를 만들어 갔어요. 발해 땅에 남아 있는 유물들을 보면 이러한 점을 확인할 수 있지요. 특히 발해의 **정효공주 무덤**은 당나라의 무덤 형식과 고구려의 무덤 양식이 모두 나타나고 있어요. 무덤 위에 불교식 탑을 세운 형태도 특이합니다. 여기에 무덤 벽에 그려진 악공, 무사 등은 발해인의 옷차림과 생활 모습을 짐작하게 해주지요.

삼국 시대 각 나라들의 기와 모양은 서로 달랐습니다. 그런데 발굴된 유물들을 보면 **발해 기와**와 **고구려 기와**는 그 모습이 거의 같아요. 그뿐만 아니라 발해 집터에서 구들[1](온돌)을 사용한 흔적도 발견되었지요. 구들은 고구려에서 시작된 우리 민족의 전통적 난방 장치랍니다. 즉, 발해 사람들이 고구려의 기술을 많이 계승하였다는 것을 알 수 있답니다.

1) 구들 : 방바닥 밑에 직접 불을 때고 연기와 열이 통과하게 하여 그 열기로 방바닥을 데우고 방을 따뜻하게 하는 난방 장치. 온돌과 같은 뜻으로 구들이 순우리말입니다.

▲ 발해의 구들

▲ 고구려 기와

▲ 발해 기와

발해의 5경 중 가장 오랜 기간 도읍지였던 **상경**에 있는 **석등**과 **돌우물**, **성터** 등도 당시 발해의 웅장한 모습을 짐작하게 해 주는 유물입니다. 상경은 당시 당나라의 수도였던 장안에 이어서 동아시아에서 두 번째로 큰 도시였다고 해요. 상경 성터에서 발견된 6m가 넘는 거대한 석등은 발해의 **불교 문화**를 엿볼 수 있는 유물이기도 하지요.

▲ 상경 용천부 성문 중 하나인 오봉루

▲ 발해 석등(중국 헤이룽장성 닝안현) – 상경 성터에서 발견된 것으로 높이가 6m에 달해요.

1 남북국 시대에 대해 알아보아요.

1. 다음 역사 지도를 보고, (가)와 (나)는 어느 나라인지 쓰고, 빈칸의 설명을 완성하시오.

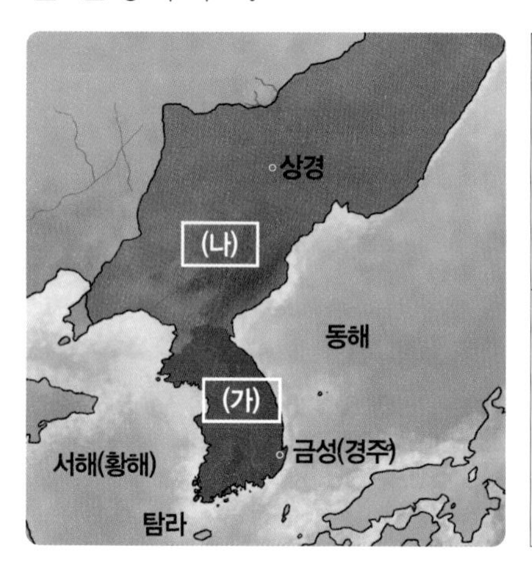

(가) (　　　　)의 문무왕은 삼국을 (　　　　)하고 그의 아들 신문왕은 강력한 왕권을 통해 나라를 안정시켰습니다.
(나) (　　　　)는 고구려의 옛 영토를 회복하고, 이후 '바다 동쪽에 있는 번성한 나라'라 하여 (　　　　)이라 불렸습니다.

2. 발해에 대한 아래 빈칸의 설명을 완성하세요.

건국	고구려 유민 (　　　　)이 (　　　　)인들과 (　　　　)인들을 이끌고 동모산 일대에 나라를 세움.
역사적 의의	(　　　　)의 정신과 문화를 계승함.
문화	① 종교 : (　　　　)가 융성함. ② (　　　　)문화를 기반으로 (　　　　)과 (　　　　)의 문화를 합쳐 독창적이고 국제적인 문화를 이룸. ③ 발해의 5경 중 가장 오랜 기간 도읍지였던 (　　　　)에서 석등, 우물, 성터 등이 발견되어 웅장한 발해의 모습을 짐작하게 함.

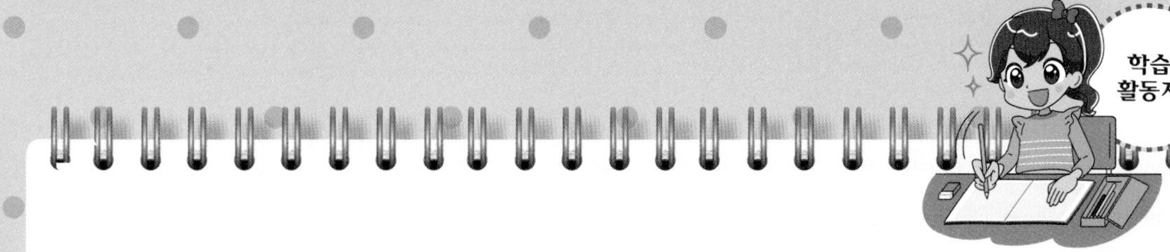

3. 발해가 고구려를 계승한 나라라는 이유를 다음 보기의 단어를 활용하여 설명하여 봅시다.

〈보기〉
대조영, 지배층, 외교 문서, 발해사신, 기와, 구들(온돌)

4. 통일 신라와 발해의 활동에 대한 설명으로 알맞은 것에 ○표, 틀린 것에 ×표 하여 봅시다.

- 신라는 당과 일본, 멀리 서역과도 활발하게 교류하였습니다. (　　　)
- 신라는 당으로부터 비단이나 서적 등을 수입하였습니다. (　　　)
- 신라와 당은 사신, 승려 등이 자주 왕래하여 서로의 문화에 영향을 주었습니다. (　　　)
- 신라와 발해는 갈등이 있어 계속해서 서로 교류하지 않았습니다. (　　　)
- 발해는 교역로가 발달하여 당, 거란, 일본, 중앙아시아 등 여러 나라들과 교류하였습니다. (　　　)

1 바다를 주름잡은 해상왕 장보고

▲ 장보고 동상(중국, 법화원)

한국, 중국, 일본 세 나라의 역사책에 모두 기록된 국제적인 인물이 통일 신라 시대에 있었어요. 바로 동아시아의 바다를 주름잡았던 **장보고**랍니다.

본명은 궁복으로 '활을 잘 쏘는 사람'이라는 뜻을 지녔어요. 전라남도 완도에서 태어난 장보고는 어려서부터 무예와 통솔력이 뛰어났어요. 그러나 천한 신분으로 태어난 그는 엄격한 신분 제도(골품제)가 있던 신라를 떠나 친구와 함께 당나라로 건너가 당나라의 군인이 되었답니다.

당나라에서 활약하던 장보고는 해적들에게 잡혀와 노예로 비참한 생활을 하고 있는 신라인들을 보았어요. 그는 해적을 무찌르겠다고 결심하고, 당나라의 관직을 버리고 신라로 돌아왔지요. 신라로 돌아온 장보고는 흥덕왕을 찾아가서 해적을 막아야 한다고 주장하고 1만여 명의 군사를 얻어 **완도**에 **해군 기지**인 **청해진**을 설치하였어요. 그 뒤 **'청해진 대사'**로 불린 장보고는 해적들을 소탕[1]하였고, 해적들은 자취를 감추게 되었답니다. 또한, 당나라와 일본으로 통하는 해상 무역권을 손에 넣고 막대한 부를 쌓았답니다.

막대한 부와 강력한 군대를 가진 장보고는 자신의 신분을 극복하기 위해 왕권 다툼에 끼어들어 자신의 딸을 왕비로 삼으려 하였지요. 그러나 결국 중앙 귀족이 보낸 자객에 의해 암살[2]되고 맙니다. 이후 청해진도 없어지고 말았어요.

1) 소탕 : 휩쓸어 모조리 없애 버림
2) 암살 : 몰래 사람을 죽임

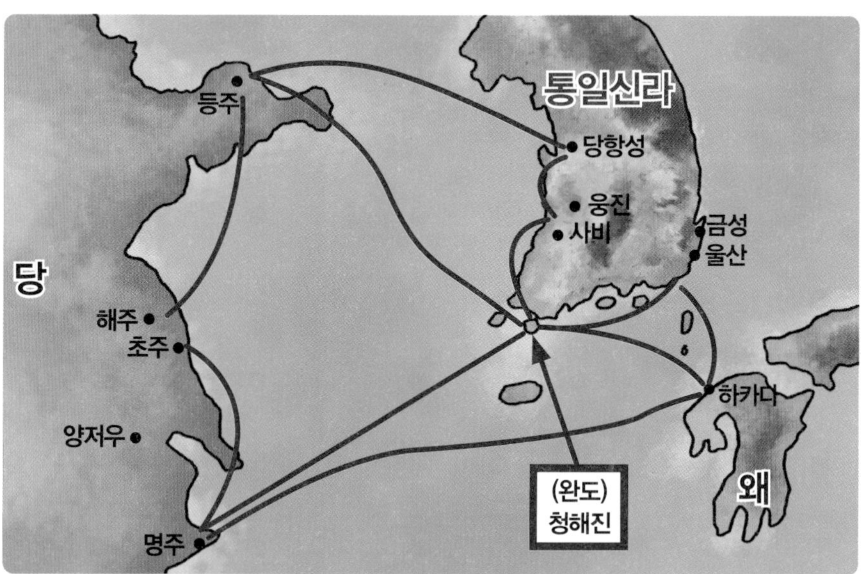

▲ 장보고의 해상 활동

▲ 청해진(전남, 완도)

▶ 〈국회방송 한국의 정신 동아시아 해상 무역을 주름잡은 해상왕 장보고〉

▶ 〈KBS – 한국의 유산 신라 교관선〉

▶ 〈목포 MBC – 장보고 루트] 장보고 기념관, 그의 활약상〉

2 발해의 정효공주 무덤 내부

발해의 정효공주 무덤 벽화에 그려진 12명의 인물들은 공주를 지키는 무사, 시중을 드는 시종, 음악을 연주하는 악사, 궁궐 일을 맡아 보는 관리들이에요. 이들은 생전에 모두 공주를 보좌[1]하던 인물들로 추측되지요.

▲ 발해 정효공주 묘비 모형(속초시립박물관)

이들의 얼굴은 둥글고 크며, 눈은 작고 눈썹이 가늘며, 입술은 작고 붉은 편이에요. 무사를 제외하고 당시 국제적으로 유행했던 '단령포'라는 옷을 입고 있지요. 이는 당시 통일 신라, 일본, 발해, 북방 유목 민족에 이르기까지 광범위하게 유행되던 옷이랍니다.

발해 3대 문왕의 넷째 딸이었던 정효공주 무덤의 묘지명을 보면 공주의 아버지를 **'황상(皇上)'**이라고 부르고 있어서 발해가 황제의 호칭을 사용한 강력한 국가임을 알 수 있어요. 이는 발해가 일본에 보낸 외교 문서에도 나와 있으며, 중국과는 다른 **독자적인** 연호[2]를 만들어 사용한 것에서도 확인할 수 있답니다.

---

1) 보좌 : 윗사람을 도와 일을 처리함

2) 연호 : 왕이 즉위한 해에 붙이던 칭호로, 연도를 나타는 표기법.

③ 동북공정이란

중국은 오늘날 여러 민족이 하나로 통합된 국가를 추구하고 있어요. 그래서 현재의 중국 국경 안에서 펼쳐졌던 모든 역사를 중국 역사로 만드는 연구를 하고 있는데, 이것을 '**동북공정**'이라고 합니다. 그중의 하나가 과거 만주에서 활동하던 **고조선, 고구려, 발해를 중국의 역사라고 주장**하는 것이지요. 이는 이웃 나라의 역사를 왜곡하여 중국의 것으로 하는 속셈으로 분명한 역사 왜곡입니다.

중국은 고구려와 수나라 · 당나라의 전쟁은 중국 나라들끼리의 통일 전쟁이었고, 발해는 중국의 지방 세력이었다고 주장하고 있답니다. 발해 스스로가 고구려 후예라는 역사의식을 가지고 있던 것처럼, 우리도 바른 역사의식을 갖고 동북공정에 대한 역사 왜곡을 바로잡아야 합니다.

"발해 스스로가 고구려 후예라는 역사의식을 가지고 있던 것처럼, 우리도 바른 역사의식을 가지고 동북공정에 대한 역사 왜곡을 바로잡아야 해요."

▶ 〈동북공정을 아시나요?〉

▶ 〈동북공정–우리나라 역사 바로 알고 바로 잡자〉

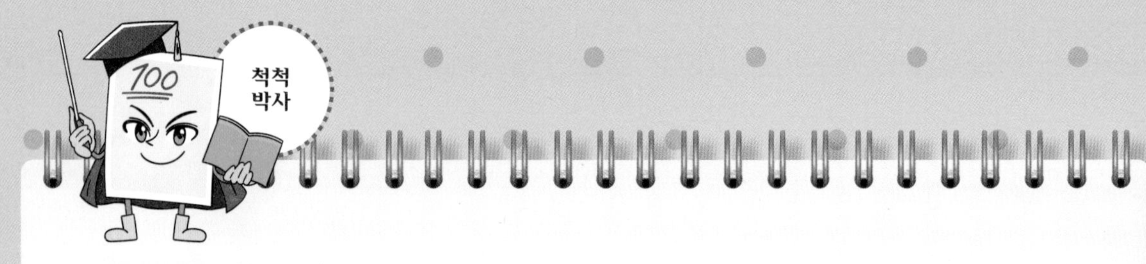

문제로 정리하기

1 통일 신라는 [　　　　] 중심으로 문화를 크게 꽃피웠습니다.

2 약 천 년 동안 신라의 도읍지였던 (㉠)는 신라 문화의 아름다움과 뛰어남을 엿볼 수 있는 수 많은 문화재가 있답니다. 석굴암과 함께 유네스코 세계 유산으로 등재된 (㉡)에는 다보탑과 석가탑이라 불리는 삼층석탑이 있습니다.

㉠ : [　　　　]　　㉡ : [　　　　]

3 고구려 유민들을 이끌고 옛 고구려 땅으로 이동하여 발해를 세운 사람은 누구인가요? [　　　　]

4 삼국 통일과 발해의 건국 과정에 대한 다음 설명 중 사실과 다른 것은 무엇입니까? (　　)

① 발해를 세운 곳은 동모산 기슭입니다.

② 발해는 고구려와 백제의 유민들이 연합하여 세운 나라입니다.

③ 백제와 고구려가 멸망한 후 당은 한반도 전체를 지배하려고 하였습니다.

④ 백제는 정치가 혼란하여 신라와 당의 연합군을 막을 준비가 되어 있지 않았습니다.

⑤ 발해는 고구려의 옛 땅을 되찾기 위해 노력하였고 고구려의 문화를 이어받았습니다.

정답 **1** 불교 **2** ㉠ : 경주, ㉡ : 불국사 **3** 대조영 **4** ②

MEMO

7 고려의 건국과 후삼국 통일

1. 후삼국으로 혼란이 거듭되다

★ 다시 삼국 시대가 시작되다

신라 말 귀족들 사이에 왕위를 누가 차지하느냐를 두고 치열한 다툼이 벌어집니다. 당시 155년간 20명이나 되는 왕이 나왔다는 것만 봐도 왕위 다툼이 얼마나 심했는지를 잘 알 수 있죠. 이처럼 왕의 힘이 점차 약해지면서 신라 말의 왕들은 나라를 제대로 다스리지 못하였어요.

▶ 합천 해인사 길상탑(경상남도, 합천)
– 신라 후기에 세워졌으며, 탑에서 당시의 어지러운 사회 모습을 적은 벽돌 판(길상탑지)이 발견되었어요.

▲ 길상탑지(국립중앙박물관)

이러한 때 지방에서는 호족[1]이라는 새로운 세력이 등장합니다. 각 지역의 호족들은 점차 세력을 키워 나가면서 일부는 신라로부터 독립을 꿈꾸기도 합니다. 혼란한 시기에 고통받던 농민들은 전국에서 난을 일으켰고, 많은 호족들이 6두품[2] 세력과 선종[3] 세력의 후원을 받으면서 자신들의 힘을 키워 나갔답니다. 그들 중 견훤과 궁예가 새로운 나라를 세우는 데 성공하였어요.

신라의 군인이었던 **견훤**은 완산주(지금의 전주)에 도읍을 정하고 백제를 잇는다는 의미로 **후백제**를 세웠어요(900년). 또한 신라 왕족 출신인 **궁예**는 오늘날의 강원도, 경기도 일대에서 큰 세력을 형성하였지요. 그는 왕건을 포함한 여러 호족들의 도움을 받아 송악(지금의 개성 : 후에 강원도 철원으로 도읍을 옮김)을

1) 호족 : 신라의 지방에서 경제적으로나 군사적으로 힘이 세었던 사람들로 일부는 중앙 정부의 간섭에서 벗어나 독립까지 하기도 함.

2) 6두품 : 신라의 신분제도인 골품제의 하나로, 6두품은 아무리 능력이 있어도 오를 수 있는 관직이 제한됨. 6두품 위에 왕족인 진골, 성골 계급이 있음.

3) 선종 : 참선수행으로 깨달음을 얻는 것을 중요시하는 불교의 한 종파. 교리를 중요시하던 교종과는 달리 수행과 실천을 중요시함.

◀ 국사암 석조여래입상(경기, 안성)
궁예미륵이라 전해져요.

◀ 견훤산성(경북, 상주)
견훤이 쌓았다고 전해져요.

근거지로 **후고구려**를 세우고 왕위에 오르게 됩니다(901년). 이렇게 후백제와 후고구려가 차례로 세워지면서 후백제, 후고구려, 신라의 후삼국 시대가 펼쳐지게 되었답니다.

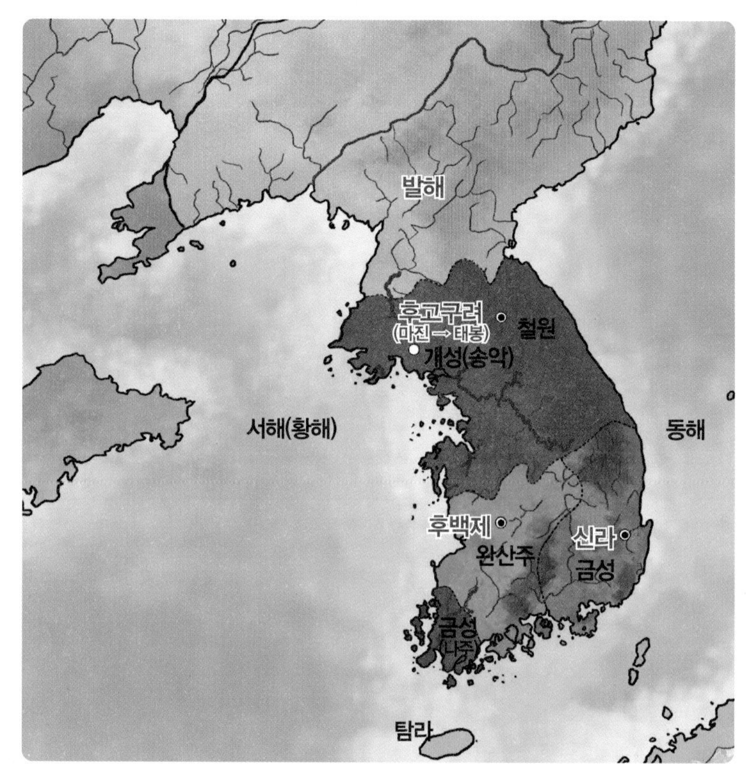

▲ 후삼국과 발해

2. 고려, 후삼국을 통일하고 나라를 발전시키다

★ 왕건, 왕이 되다

왕건은 송악(개성) 출신 호족으로 후고구려를 세운 궁예의 신하였어요. 그는 지혜가 뛰어나고 후백제와의 전투에서 큰 공을 세워 높은 지위에 올랐지요. 한편, 후고구려 건국 이후 궁예는 한동안 올바른 정치를 펼쳤지만, 자신이 사람을 구원

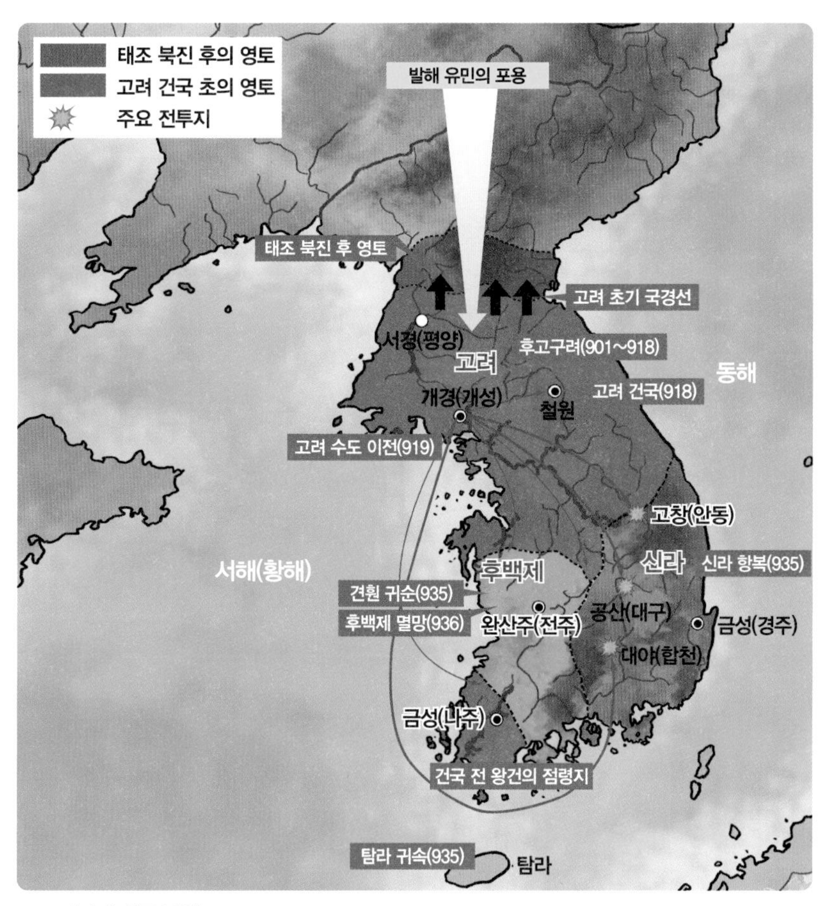

▲ 고려의 후삼국 통일

▶ 〈EBS 역사가 술술 – 후삼국을 통일한 왕건〉

▶ 〈채널A – 공산전투와 신숭겸〉

▲ 금산사(전북, 김제) – 후백제의 견훤이 아들 신검에 의해 갇힌 곳이에요.

하는 미륵불[1]이라 하여 자신이 사람의 마음을 읽을 수 있다며 점차 주변 사람들을 의심하기 시작하였어요. 결국 신하들은 포악해진 궁예를 내쫓고 왕건을 새로운 왕으로 모셨답니다. 왕건은 나라 이름을 '고려'로 고치고(918년), 개경(지금의 개성)을 도읍으로 삼았어요.

1) 미륵불 : 미래에 올 부처로 많은 사람들을 구제한다고 함.

▲ 고려 태조 왕건 초상(상상도)

고려를 세운 왕건은 후삼국을 통일하고자 백제를 공격하는 한편, 신라와는 친하게 지내며 약해질 대로 약해진 신라를 감싸려고 했어요. 왕건은 신라가 후백제의 공격을 받자 이를 도왔고, 신라의 마지막 왕인 경순왕은 더 이상 나라를 유지할 수 없음을 깨닫고 왕건에게 나라를 바칩니다(935년).

손쉽게 신라를 얻은 왕건에게 다시 한번 행운이 찾아옵니다. 후백제의 견훤과 그의 큰아들 신검 사이에 다음 왕을 정하는 일을 두고 다툼이 벌어진 것이에요. 아버지 견훤의 마음이 동생 금강에게 가 있는 것을 안 신검이 견훤을 금산사에 가두고 왕위를 빼앗는 일까지 벌어졌죠. 견훤은 후백제를 탈출하여 왕건에게 귀순[2]하였고, 이때를 노린 고려는 후백제를 공격하여 멸망시켰답니다(936년).

2) 귀순 : 반항하지 않고 다른 나라에 항복함.

왕건은 고구려의 옛 땅을 되찾고자 북쪽으로 나아가서 청천강에서 영흥만에 이르는 한반도 북부 땅들을 차지하였어요. 또 불교를 장려하고 백성들에게 세금을 줄여 주어 그들의 마음을 얻었지요. 그리고 지방 호족들을 적절히 견제하되 존중하며 좋은 관계를 맺고, 발해의 유민[3]을 고려의 품 안에 끌어들이려 노력하는 등 정치를 안정시키기 위해 노력하였어요.

3) 유민 : 없어진 나라의 백성.

이로써 고려는 **민족의 재통일을 완성**할 수 있었답니다.

★ 광종, 강력한 왕권으로 다양한 정책을 펴다

▶ 〈EBS 역사가 술술 – 과거를 실시한 광종〉

고려 제4대 임금 **광종**은 **왕권 강화**를 이뤄 내고 정치를 안정시키기 위해 다양한 정책을 실시했어요. 그의 목표는 강력했던 호족의 힘을 약하게 하고, 왕의 힘을 강하게 하는 것이었죠.

광종은 후삼국 시대의 혼란기에 불법으로 노비가 된 자들을 조사하여 양인으로 해방시켜주는 **노비안검법**을 실시했어요(956년). 호족들이 언제든지 군사로 부릴 수 있었던 노비들을 해방시킴으로써 나라의 백성인 양인들로 만들어 준 것이랍니다. 이로써 노비들은 양인이 되어 백성의 의무인 세금을 내게 되어 나라는 부강하게 되었고, 노비의 힘을 이용할 수 없는 호족들은 세력이 약화되었답니다.

이어 광종은 중국에서 고려로 넘어와 관리가 된 쌍기의 건의를 받아들여 **과거 제도**를 실시했습니다(958년). 과거제가 실시되면서 관직을 독차지하던 힘센 호족들을 대신하여 **유학**을 공부한 새로운 인물들이 관리가 될 수 있게 되었어요.

★ 성종, 유교 정치를 실현하다

▶ 〈5분 한국사 – 시무 28조, 최승로〉

고려 제6대 임금 **성종**은 앞의 왕들과는 다른 정치를 펼치고자 노력했어요. 그는 고려가 불교를 믿는 나라임을 인정했지만, 유학을 나라를 다스릴 원리로 삼고자 했지요. 그리하여 성종은 유학자들을 적극 등용하여 **유교 정치**를 실현하고

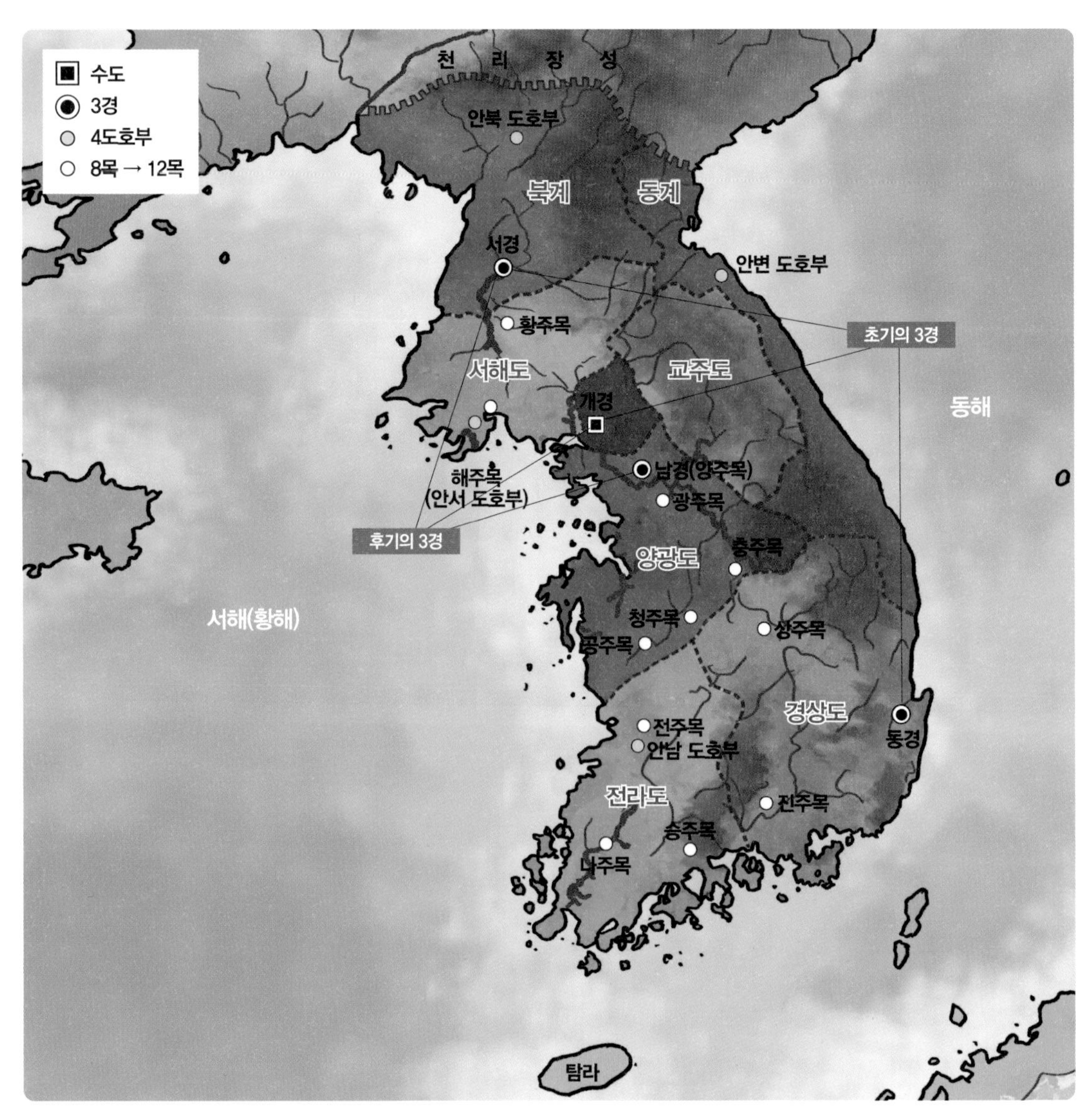

▲ 고려 시대의 행정구역

자 했답니다.

이때 정치가로 활약한 인물이 **최승로**였어요. 최승로는 시무[1] 28조를 올려 유교의 진흥[2]을 주장하고, 나라 살림을 낭비시키는 불교 행사를 축소할 것을 건의했지요. 성종은 최승로의 건의(시무 28조)를 받아들여 유교 정치를 본격적으로 펼쳐 나갔어요.

1) 시무 : 그 시대에 중요하게 다루어야 할 시급한 일.

2) 진흥 : 떨쳐 일어남. 크게 발전함.

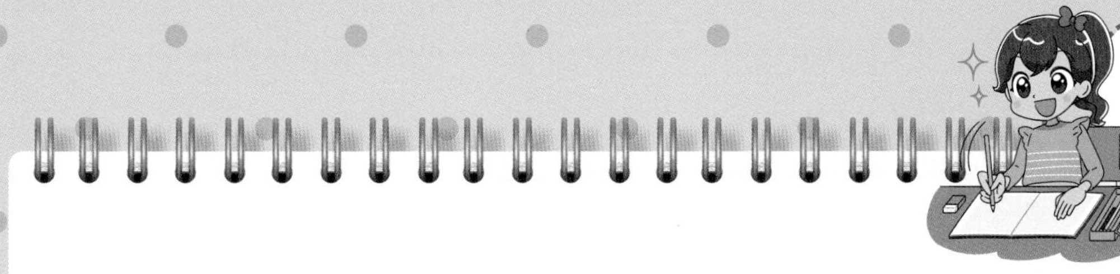

1 고려의 후삼국 통일에 대하여 살펴봅시다.

1. 다음은 고려의 후삼국 통일 과정의 주요 인물인 견훤, 궁예, 왕건과의 가상 인터뷰입니다. 여러분이 견훤, 궁예, 왕건이 되어 질문에 답해 봅시다.

질 문	왜 나라 이름을 후백제라고 했습니까?
견훤 인터뷰 응답	

질 문	왜 신하들이 당신을 몰아냈습니까?
궁예 인터뷰 응답	

질 문	후삼국을 통일할 수 있었던 이유는 무엇이라고 생각합니까?
왕건 인터뷰 응답	

2. 고려의 후삼국 통일의 과정을 4컷 만화로 표현해 봅시다.

①	②
③	④

1 후삼국의 성립과 고려의 후삼국 통일 역할극

1. 견훤의 후백제 건국

진성 여왕 : 뭣이라! 견훤이 반란을 일으켰다고? 견훤은 신라의 장수가 아니었는가! 어찌 이런 일이!!!

견훤 : 혼란한 신라의 왕실을 더 이상 믿을 수 없었다.
그래서 나 견훤은 완산주를 도읍으로 하고 후백제를 건국하였다.

백성 : (한숨을 쉬며) 새로운 나라가 세워졌다고?
그럼 이제 좀 살만해지려나?

해설 : 견훤은 완산주, 지금의 전주에 도읍을 정하고 후백제를 세웠으며, 군사력을 키워 지금의 전라도와 충청도, 경상도 서쪽 지역까지 차지하였습니다.

2. 궁예의 후고구려 건국, 왕건의 고려 건국

궁예 : 혼란한 세상을 더 이상 두고 볼 수 없다.
송악을 도읍으로 하여 새로운 나라를 세우노라. 나를 따르라!

해설 : 궁예는 송악, 지금의 개성에 도읍을 정하고 후고구려를 세웠습니다.
이후 철원으로 도읍을 옮기고 경기도, 황해도, 충청도, 강원도 일부까지 영토를 넓혀 후삼국 가운데 가장 넓은 지역을 거느리게 되었습니다.

왕건 : 저는 송악 지방의 호족 왕건입니다. 후백제와의 전투를 제가 이끌어 보겠습니다!

궁예 : 나는 미륵불이노라. 사람의 마음을 꿰뚫어 볼 수 있느니라.
네! 감히 나를 의심하고 있구나! 에잇! (신하를 죽이는 궁예)

왕건 : 난폭한 궁예를 몰아내고 나, 왕건을 따르시오! 고구려를 이었다는 뜻으로 나라 이름을 고려라고 하겠소. 도읍을 철원에서 송악으로 옮기겠소.(궁예를 몰아내는 왕건)

해설 : 태조 왕건은 고구려를 이었다는 뜻으로 나라 이름을 '고려'라 하고, 이듬해에 도읍을 철원에서 송악으로 옮겼습니다. 고려가 건국된 것입니다.

3. 후백제 vs 고려, 신라 공산 전투

해설 : 고려는 후삼국을 통일하기 위하여 신라와는 좋은 관계를 유지하였지만, 후백제와는 대립하였습니다.

견훤 : 후삼국 중에서 우리 후백제가 가장 강하지. 자, 신라를 공격하라!

왕건 : 우리는 신라를 도와 후백제를 공격한다! 신라로 가자!
앗, 견훤의 군대가 이렇게 강할 줄이야...윽...후퇴하라...!
(왕건은 도망가고, 견훤은 승리의 기쁨 표현하기).

해설 : 후백제가 신라를 공격하자, 고려는 신라를 돕기 위하여 군사를 이끌고 신라로 갔습니다. 이때 왕건은 돌아가던 후백제군과 공산, 지금의 대구에서 전투를 벌였지만 크게 패하였습니다.

4. 고창(현재 안동) 전투

왕건 : 공산 전투의 치욕을 꼭 갚으리!
군사를 훈련하고 여러 지방의 호족들을 내 편으로 만들어야겠어!

견훤 : 왕건도 별 것 아니던데 신라를 차지하기 위해 다시 공격한다!

왕건 : 고창 지방의 호족이 우리 편이니 이번 전쟁에서는 우리가 승리한다!

▲ 차전놀이 모형(안동 민속박물관)

(견훤과 왕건이 서로 겨루는 장면에서 멈추기)

해설 : 공산 전투 이후 고려는 군사를 훈련하고, 여러 호족들을 고려 편으로 만들었습니다.
그리하여 3년 만에 다시 맞붙은 고창 전투에서는 고려가 승리하였습니다.

해설 : 고창은 지금의 안동입니다. 안동에서는 고려와 후백제가 벌인 고창 전투를 기념하여 동군과 서군으로 편을 갈라서 하는 차전놀이가 전해지고 있습니다.

5. 신라의 항복

해설 : 고려가 후백제와의 싸움에서 크게 이겨 세력을 확장하자 신라의 경순왕은 더 이상 나라를 유지하기 어렵다고 생각하여 고려에 항복할 것을 제안합니다.
이때, 경순왕의 아들 마의태자가 반대를 하고 나섭니다.

경순왕 : 네가 끝까지 고려에 맞서 싸운다면 결국 너와 백성은 모두 죽게 될 것이다.
태자야, 잘 생각해 보아라. 끝까지 나라를 지키겠다는 그 마음은 아름다운 것이나 결국 그것은 헛된 희생일 뿐이다.
난 태자가 이 아비보다 먼저 죽는 것을 원치 않는다.
그것은 크나큰 불효이다.

마의태자 : 아바마마, 소자에게는 어버이에 대한 효보다 나라에 대한 충성이 더 소중하옵니다.

경순왕 : 가엾은 백성 생각은 안 해 보았느냐?
그들의 희생 또한 아무 의미도 없는 헛된 희생일 뿐이다.

마의 태자 : 백성들이 원하는 것은 스스로의 자존심을 지키고 나라를 지키는 일이지, 항복하여 편히 사는 것이 결코 아니옵니다.
이 세상 누구든 자신이 원하는 삶을 사는 것이 진정으로 사는 것이 아니겠는지요?

해설 : 935년, 천년 왕국 신라는 스스로 나라를 고려에 넘겼습니다.
신라 경순왕은 나라를 더는 유지하기 힘들다고 판단하고, 많은 신하와 백성을 데리고 고려로 들어갔습니다. 왕건은 경순왕에게 높은 벼슬과 땅을 주어 우대하였습니다.

6. 후백제의 멸망

해설 : 한편, 후백제에서는 큰 변화가 일어나고 있었습니다.

견훤 : 나 견훤은 넷째 아들 금강에게 왕위를 물려주려 하노라.

신검 : 뭐이라! 장남인 나를 두고 동생에게 왕위를 물려준다니!
동생에게 왕위를 빼앗길 수는 없지! (신검이 견훤을 끌고 간다.)
아버지는 금산사에 좀 갇혀 있으셔야겠습니다.

해설 : 견훤에게 왕위를 물려받지 못한 맏아들 신검이 견훤을 금산사에 가두고 왕 행세를 하였습니다.

견훤 : 아버지인 나를 가두다니, 용서할 수 없다! 내 손으로 너를 처단하고 말리라!

7. 고려의 후삼국 통일

견훤 : 고려로 가야겠어. 신검의 못된 버릇을 내 손으로 고쳐 주겠다!

왕건 : 신검의 후백제를 공격하라!

해설 : 견훤은 고려로 탈출하여 후백제를 공격하였습니다.
아버지와 아들의 비극적인 전투는 오래가지 않았습니다.

해설 : 고려는 신검의 후백제군과 벌인 전투에서 승리하여 후삼국을 통일하였습니다.

왕건 : 이제 나라를 어지럽힌 무리를 모두 무찔렀다.
백성들은 안심하고 나라를 위해 일하도록 하라! 왕건의 고려가 후삼국을 통일하였다!

2 고려에서는 관리를 어떻게 뽑았을까

나라를 위하여 일하는 관리가 되려면 시험에 합격해야 하겠지요? 그렇다면 우리 조상들은 어떻게 관리를 뽑았을까요?

신라에서는 특정 신분으로 태어나면 관직을 물려받거나 추천을 받으면 관리가 될 수 있었어요.

고려에도 고위 관리의 자손에게 과거를 치르지 않고도 관직을 주는 음서제가 있었어요. 그렇지만 공정한 시험으로 능력이 있는 사람을 뽑기 위하여 광종 때 **과거제**를 처음으로 실시하였답니다. 이를 통하여 고려에서는 가문의 배경보다 능력이 뛰어나면 관리가 될 수 있는 기회가 생기게 되었어요. 이는 과거를 통하여 관리를 뽑던 고려가 신라에 비하여 개인의 능력을 더 중요시한 사회였음을 보여줍니다.

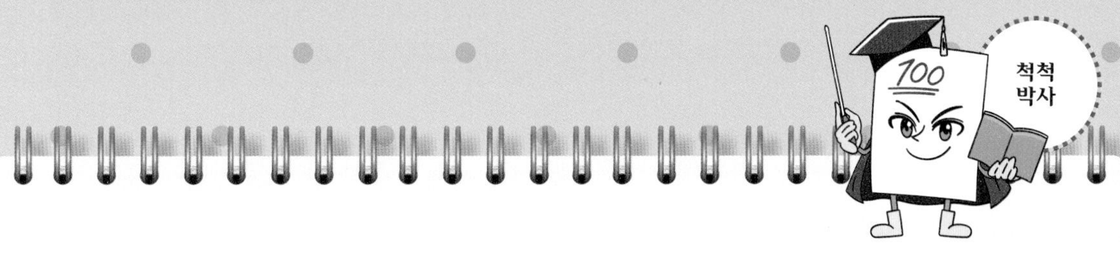

문제로 정리하기

1 신라 말에 지방에서 새로 등장한 세력을 무엇이라고 불렀습니까?

2 견훤이 세운 나라 이름은 무엇이었습니까?

3 궁예가 세운 나라 이름은 무엇이었습니까?

4 왕건이 세운 나라 이름과 도읍지는 무엇이었습니까?

나라 이름:

도읍지:

정답 **1** 호족 **2** 후백제 **3** 후고구려 **4** 고려, 개경

8 고려의 대외 관계

1. 고려, 송과 친하게 지내다

★ 송과 동아시아의 정세

10세기 중국에서는 당나라가 멸망하고 크고 작은 여러 나라가 생겨났어요. 이러한 혼란을 틈타 옛 발해의 땅에서 일어난 거란족은 힘을 키워 **요나라**를 세우고 점차 세력을

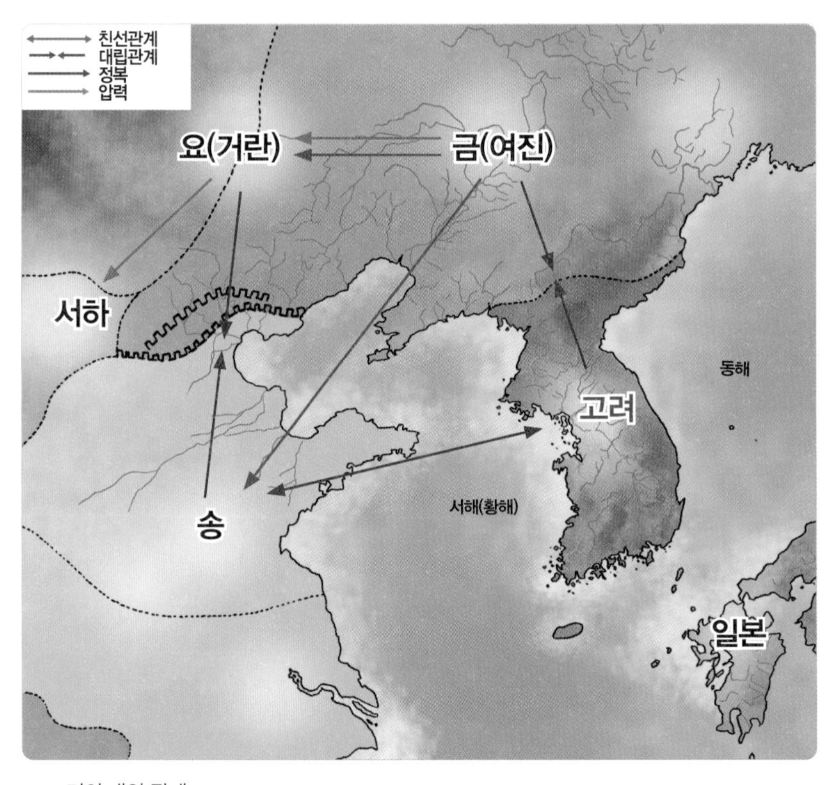

▲ 고려의 대외 관계

확장하였지요. 960년 **송나라**가 중국 대륙을 통일하면서 요와 송은 치열하게 대립합니다.

같은 때에 한반도에는 왕건이 세운 고려가 있었어요. 거란에게 송나라와의 전쟁에서 가장 걸림돌이 되는 것이 바로 송나라와 친한 고려였답니다. 고려는 일찍부터 송나라와 친한 관계를 맺고 있었고, 거란에 대해서는 발해를 멸망시킨 나라로 적대적인 태도를 보였기 때문이에요. 송도 고려와 친하게 지내며 거란을 견제하려 하였답니다.

2. 거란의 침입을 막아내다

★ 서희와 강감찬의 활약으로 거란을 물리치다

▲ 서희 동상(경기, 이천)

송나라를 공격하기 이전에 고려와의 관계가 불편했던 거란은 고려부터 먼저 공격하고자 하였어요. 거란은 고려에 송나라와의 관계를 끊고 고구려의 옛 땅인 한반도 북쪽 땅을 돌려달라고 요구했지요. 고려에서 이 제안을 거절하자 거란 장수 소손녕은 80만 대군을 이끌고 고려로 쳐들어왔습니다.

▶ 〈NATV 국회방송 한국의 정신 – 서희〉

고려가 첫 전투에서 패하면서 위기에 빠지자 서경(평양)에 가 있던 고려의 신하들 중 일부는 거란의 뜻을 들어주고

전쟁을 피하자고 했어요. 그러나 **서희**는 거란과 계속 싸워야 한다고 주장했어요. 이런 가운데 고려가 거란의 공격을 연이어 막아냈고, 이후 거란의 장수 소손녕은 고려를 더 이상 공격 하지 않고 위협만 하며 시간을 끌었어요. 이때 서희는 거란이 영토를 넓히려고 하기보다는 고려와 송나라의 관계를 끊고 싶어 하는 마음이 더 크다는 것을 눈치채고 소손녕을 만나러 갑니다. 이를 서희의 담판[1]이라 합니다.

1) 담판 : 서로 맞서는 관계인 사람들이 모여서 의논하여 문제를 해결함.

고려는 서희의 담판으로 송과의 관계를 끊을 것을 약속하였고, 그 대가로 오히려 **강동 6주**를 고려의 땅으로 인정받게 되었답니다(993년). 이렇게 서희의 지혜로운 외교로 고려는 위기를 무사히 넘기고 영토를 넓히게 되었지요.

그러나 여전히 고려는 송과의 관계를 끊고 거란과 친하게 지낼 마음이 없었어요. 그런 고려가 마음에 들지 않았던 거

▶ 〈EBS키즈 위인극장 – 강감찬 거란을 막아내다①〉

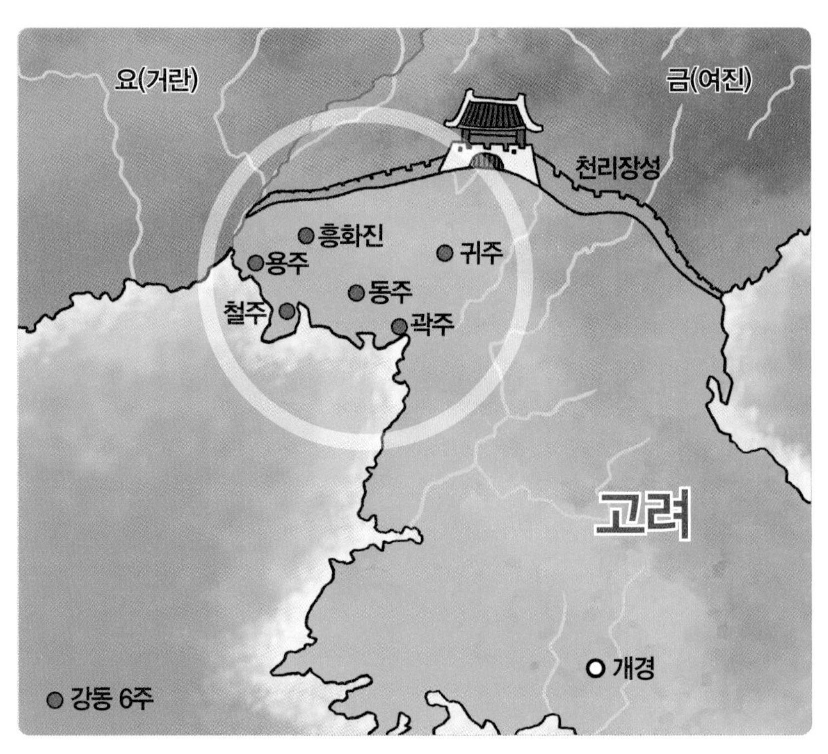

▲ 거란의 침입과 강동6주

란이 다시 고려를 침입합니다. 두 번째 침입 때, 거란은 40만 대군으로 쳐들어왔어요. 고려는 한때 수도인 개경을 빼앗기고 왕이 피란[2]을 가기도 했지만, 끈질기게 싸우며 돌아가는 거란에게 많은 피해를 주었어요.

2) 피란 : 난리를 피해 있는 곳을 옮김.

그 후로도 거란은 강동 6주를 돌려줄 것과 고려의 왕이 거란 황제를 만나러 올 것을 요구했어요. 그러나 고려는 군사, 교통 면에서 중요한 곳이던 강동 6주를 돌려주려 하지 않았어요.

거란은 자신들의 요구가 여전히 받아들여지지 않자 장수 소배압이 이끄는 10만 병력으로 세 번째로 고려에 쳐들어왔지요. 하지만 고려는 거란의 계속되는 침입에 대비해 군사를 훈련시키고 물자를 준비하는 등 준비를 철저히 하고 있었지요.

고려는 성 밖의 식량과 물자를 빼앗기지 않으며 거란의 공격을 잘 막아냈고 이에 거란 군사들을 서서히 지쳐갔어요. 그러나 거란은 무리하게 계속 개경(개성)을 향해 나아갔지요.

▶ 〈EBS키즈 위인극장 –강감찬 거란을 막아내다②〉

결국 거란은 개경 근처에 이르러서야 승리할 수 없음을 깨닫고 돌아가려 했어요. 철수하는 거란군이 압록강 근처의 귀주에 도착하자, 명장 **강감찬** 장군이 돌아가는 거란군을 이곳에서 크게 물리쳐서 살아 돌아간 거란군의 수가 별로 없었다고 합니다(**귀주대첩**, 1019년). 이후 고려는 천리장성을 쌓고 개경 수비를 튼튼히 하는 등 외적의 침입에 더욱 대비하였답니다.

▲ 강감찬(서울, 관악 낙성대)

★ 동북 9성을 쌓다

▶ 〈NATV 국회방송 한국의 정신 – 윤관〉

12세기 초에 북방의 여진이 자신들의 부족을 통합하고 고려의 국경 지대를 자주 침범하였답니다. 이에 **윤관**은 **별무반**이라는 군대를 조직하여 여진을 정벌한 후 그곳에 9개의 성을 쌓기도 하였어요(1107년).

그러나 여진족의 간절한 부탁으로 이 땅을 다시 돌려주었고, 이후 세력이 강성해진 여진은 **금나라**를 세우고 요나라(거란)를 멸망시킨 후 송을 남쪽으로 밀어내고 고려를 위협하였어요. 고려는 강력해진 금나라와의 전쟁을 피하기 위해 금나라의 요구를 받아들입니다. 고구려를 계승하겠다는 고려의 북방 정책은 큰 상처를 입었지요.

3. 몽골의 침입에 맞서다

★ 승려 김윤후와 백성들이 힘을 합쳐 몽골을 물리치다

13세기에 접어들면서 중국 대륙에는 커다란 변화가 일어났어요. 칭기즈칸이 몽골을 비롯한 주변의 다양한 부족을 통합하여 몽골 제국을 건설한 것이에요. **몽골 제국**은 강력한 군사력을 바탕으로 끊임없이 주변 나라들을 침략해 갔죠.

몽골은 중국으로 쳐들어가는 동시에 고려에도 항복을 강요하면서 많은 선물을 바치라고 했습니다. 그러나 당시 고려를 이끌던 무신들은 몽골에 고개를 숙이려고 하지 않았어요. 그러던 가운데 고려에 왔다가 돌아가던 몽골 사신이 죽는 사건이 발생했고, 이를 핑계로 결국 1231년 몽골은 고려를 침입해 옵니다. 40여 년 동안 이어지는 기나긴 고려와 몽골 간의 전쟁이 시작된 거예요.

고려는 몽골군이 육지에서는 강했으나 바다에서는 싸워 본 적이 없다는 점을 이용하여 **수도를 개경에서 강화로** 옮겼어요(1232년). 또한 백성을 산성이나 섬으로 피난[1]시킨 다음 몽골과의 전쟁과 외교를 계속해 나갔지요. 그러면서도 결코 몽골에 항복하지 않았어요. 이후 1270년 원래대로 수도를 개경으로 옮길 때까지 강화도는 39년간 고려의 수도가 되었지요.

1) 피난 : 재난을 피해 멀리 옮겨 감.

귀주성, 처인성, 충주성 등에서는 몽골군을 상대로 승리를 거두기도 했습니다. 이는 군인들뿐만 아니라 노비와 일반

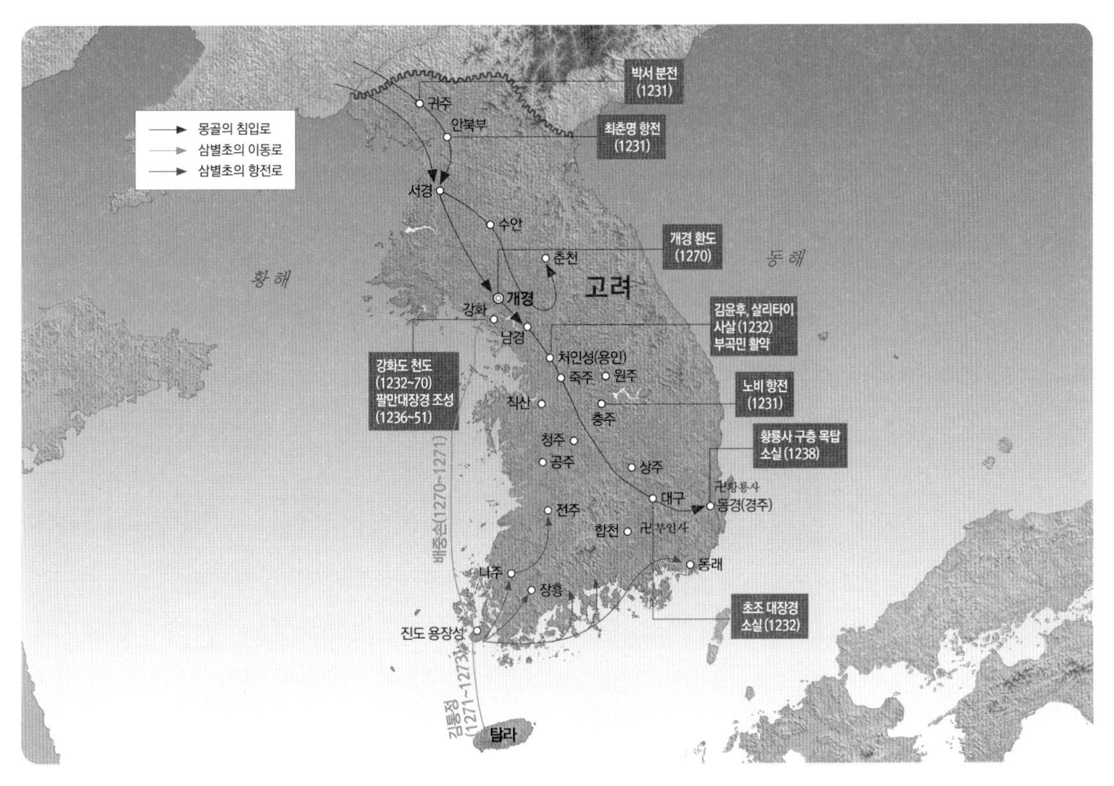

▲ 몽골의 침입로

▲ 강화에 있는 고려 궁궐터(인천 강화)

백성들까지 끝까지 남아 몽골군에 맞서 싸운 결과였어요. 특히 승려 **김윤후**가 백성들과 함께 **처인성(현재 용인) 전투**에서 몽골 총사령관 살리타이를 죽이고 몽골군이 물러가는 큰 승리를 얻기도 했답니다(1232년).

이러한 고려의 항전[2]에도 불구하고 계속되는 전쟁으로 대부분의 땅은 농사를 짓기 어려워졌고, 많은 백성들이 몽골에

▶ 〈EBS 키즈 역사가 술술 – 몽골로부터 백성을 지킨 김윤후 장군〉

2) 항전 : 적에 대항하여 싸움.

▲ 처인성 승전 기념비(경기, 용인)

포로로 끌려가야만 했지요. 그리고 황룡사 구층 목탑 등 많은 문화재가 불에 타 없어졌답니다.

고려는 강화도에서 몽골을 잘 막아냈지만, 전쟁이 길어지고 육지에서 입은 많은 피해로 나라와 백성들이 힘들어지게 되자 고려는 더 이상 전쟁을 계속할 수 없었어요. 결국 고려는 몽골의 요구를 받아들여 원래 수도인 개경으로 왕이 돌아가고 강화[3]를 맺음으로써 전쟁이 끝나게 됩니다. 그러나 몽골에게 지배당한 다른 나라들과는 달리, 고려는 몽골의 직접적인 지배를 피할 수 있었고 나라를 유지하며 우리 고유의 문화를 지키고 이어갈 수 있었어요. 이것은 고려의 끈질긴 저항이 안겨준 결과라고 할 수 있어요.

3) 강화 : 전쟁을 벌이던 나라끼리 싸움을 그만두고 서로 화해함.

▶ 〈EBS 역사캠페인 – 삼별초〉

★ 삼별초의 항전이 이어지다

▲ 배중손 장군 동상(전남 진도)
– 삼별초를 이끈 장군이랍니다.

고려는 결국 몽골과 화해하고 수도를 강화에서 개경으로 다시 옮기게 됩니다. 하지만 고려의 특수 군대인 삼별초는 고려가 몽골에 항복하였음에도 불구하고 몽골에 대한 항전을 계속하였어요.

별초란 용감한 병사들만 따로 뽑아서 만들어진 군대를 뜻하는 말로 좌별초와 우별초, 신의군 등 3개의

▶ 〈YTN NEWS (2013.10.19.) – 삼별초 유적 다량 발굴〉

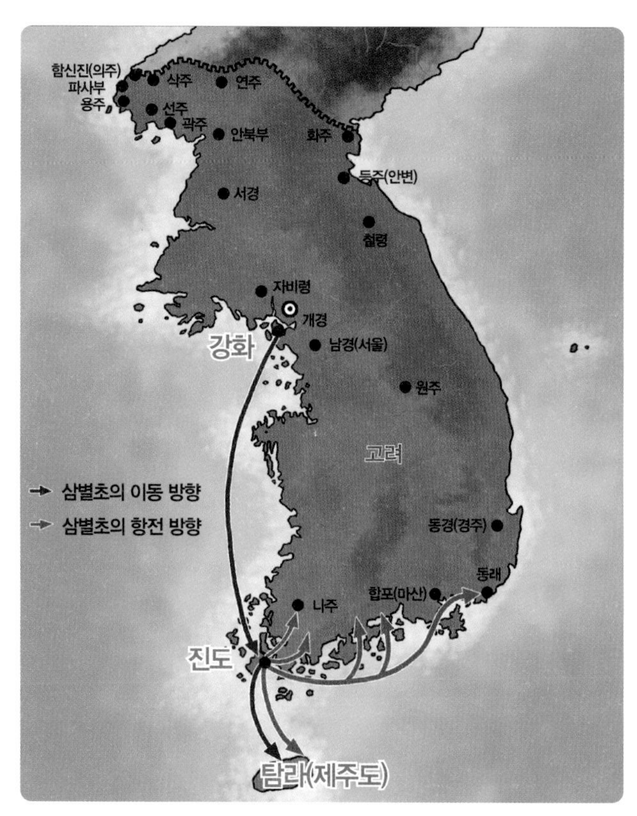

▲ 삼별초의 항쟁

부대로 구성되어 있어 삼별초라 불리었답니다. 그들은 처음에는 **강화도**에서 몽골에 저항하다가 전라도 **진도**로 내려가서 항전을 계속했어요.

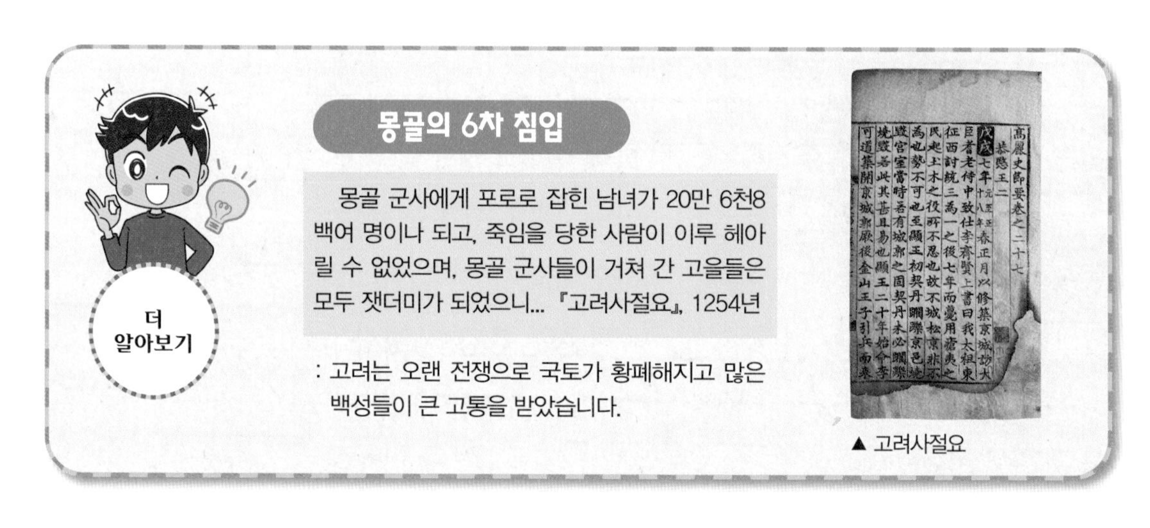

▲ 고려사절요

삼별초가 항쟁하는 동안 백성들도 전쟁 물자를 제공하며 이들을 지원하였죠. 그러나 삼별초는 몽골과의 전쟁을 끝내려는 고려 왕의 뜻을 따르지 않았기에 몽골군뿐만 아니라 고려군과도 싸워야만 하였죠.

삼별초는 진도에서 고려와 몽골 연합군에 맞서 3년 동안 싸웠으나 결국 패하고, 그 일부는 다시 **제주도**로 근거지를 옮겨 항쟁을 계속하다가 최후를 맞이하게 되었지요. 삼별초의 항쟁은 고려인의 자주[1] 정신을 보여 준 것이었답니다.

1) 자주 : 남의 보호나 간섭을 받지 않고 자신의 일을 스스로 처리하는 것.

▲ 용장성 고려항몽충혼탑(전남, 진도)

▲ 항파두리성(제주) – 제주도에서 삼별초가 끝까지 몽골에 대항하다가 최후를 맞이한 곳입니다.

1 고려를 지켜라!

고려가 주변의 다른 나라의 침입을 어떻게 막아내며 나라를 지켰는지 정리해 봅시다.

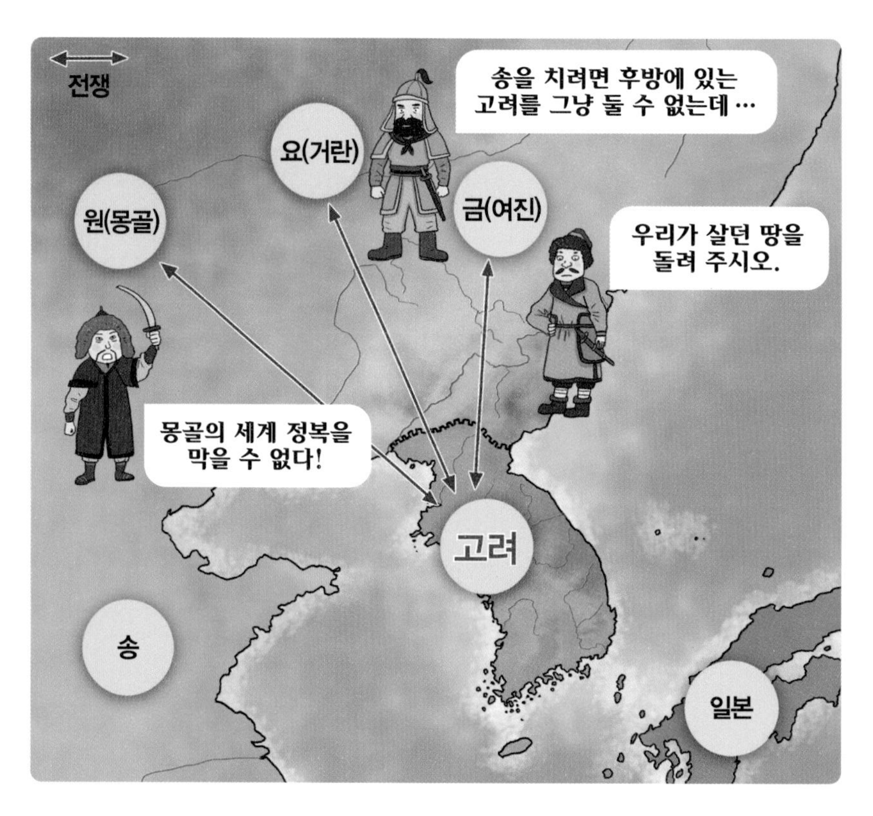

❶ 요나라(거란) : ______________________________

____

❷ 금나라(여진) : ______________________________

____

❸ 원나라(몽골) : ______________________________

____

MEMO

1 송과 친선 관계를 유지하다

10세기 들어 중국 동북쪽에 거란이 성장하는 가운데 중국 대륙에서는 혼란을 수습[1]하고 **송**이 건국됐어요(960년). 송은 거란을 견제하기 위해 배후[2] 나라인 고려와 친하고자 했고, 고려는 송의 선진 문물을 받아들이기 위해 이에 응했지요. 고려는 송을 문화 선진국으로 생각하여 사신 · 학자 · 승려들을 보내어 발달된 문물을 적극적으로 받아들였답니다.

송과의 친밀한 관계는 거란의 1차 침입 이후 잠깐 중단됐다가 문종 때 다시 이어졌어요. 이후 12세기 초 여진족이 세력을 확장하여 금나라를 건국하자 송과의 관계가 변화했는데, 고려는 북방 민족인 요나라(거란)와 금나라(여진)가 송과 벌인 전쟁에 휘말리는 것을 원하지 않았지요. 문화 수준에 비해 군사력이 약했던 송나라가 고려를 이용하여 북방 민족들을 억누르려는 속셈을 고려가 알았기 때문이에요. 어쨌든 고려와 송은 문화적, 경제적 교류가 가장 활발하게 이루어진 나라였답니다.

2 강감찬 장군과 낙성대

▲ 강감찬의 탄생지 낙성대(서울 관악)

강감찬 장군의 탄생에 관한 이야기를 보면, 고려 시대 한 관리가 한밤중에 큰 별이 현재 서울시 관악구 봉천동 일대의 어느 집에 떨어지는 것을 보고 사람을 보내어 찾아보게 하였대요. 이때 마침 그 집 부인이 사내아이를

---

1) 수습 : 혼란한 사태를 바로잡음.
2) 배후 : 등뒤, 어떤 대상의 뒤쪽.

낳았지요. 이 말을 듣고 관리가 신기하게 여겨 그 아이를 데려다가 길렀는데 그가 바로 **강감찬**이었다고 해요. **낙성대**는 별이 떨어진 곳이라는 뜻으로 서울 지하철 2호선 낙성대역에 내리면 낙성대 공원에 있는 강감찬 장군의 동상을 만날 수 있답니다.

▶ 〈서울1TV – 서울 낙성대 강감찬 장군 생가〉

③ 윤관, 여진족을 혼내 주다

▲ 척경입비도(고려대학교 박물관)
윤관이 여진족을 물리치고 '고려의 땅'이라고 적은 비석을 세우는 장면이에요.

12세기에 거란의 힘이 약해지자, 이번에는 여진족이 점차 강성하기 시작하여 나라 이름을 **금**이라 하였어요. 고려의 북쪽 지역에 살고 있던 여진족은 원래 고려를 '부모의 나라'라 하여 섬기며 도움을 받아 살아가던 민족이었지요.

그러한 여진족들이 점차 힘을 합쳐 부족을 통합해 나가자 고려의 새로운 위협이 되었어요. 여진이 계속 고려의 국경을 위협하고, 고려 백성들을 약탈하자 고려는 **윤관**의 지휘 아래 군대를 보내어 이들을 무찌르고자 하였답니다.

하지만 여진족 군사들은 대부분이 말을 타고 다니는 기병이었는데, 고려 군사들은 걸어 다니는 보병 위주로 이루어져 있었어요. 그래서 여진족 군사들을 상대하기에 고려 군사들은 어려움이 많았지요.

이에 윤관도 기존의 보병에 기병을 더해 **별무반**이라는 특별 부대를 만들어 여진 정벌에 나섰어요. 그 결과 국경 바깥의 여진을 물리치고, 그곳에 9개의

성(**동북 9성**)을 설치하였답니다(1107년). 그러나 자신들의 땅을 빼앗아 가면 달리 살아갈 방법이 없다는 여진의 간절한 부탁을 받아들여 이 땅을 1년 만에 다시 돌려주었고, 이후 여진은 더욱 강성해져 금나라를 세우게 되지요.

▶ 〈EBS 키즈 역사가 술술 – 여진족을 대비하라! 윤관의 별무반〉

4 고려 시대 일본과의 관계

고려 시대 일본과의 관계는 정치 · 경제 · 외교 · 군사 등 모든 면에서 다른 시대보다 가장 멀어진 시기였어요. 이 시대에 양국 간의 관계가 멀 수밖에 없었던 것은 당시의 시대적 상황과 밀접한 관계가 있지요. 고려가 세워지던 즈음에 중국에서는 아직 송나라가 건국되지 않았고, 여러 나라로 나누어져 서로 싸우던 혼란한 시기였어요. 또한 고려도 후삼국의 계속되던 전쟁을 거쳐 통일을 하는 데 성공했지만, 사회적 혼란을 아직 해결하지 못한 때였지요.

이처럼 10세기 초는 중국과 고려 모두 혼란을 겪던 때였기 때문에 서로 활발한 교류가 있기가 힘들었어요. 활발하지는 못하였지만 그래도 고려 전기에는 무역선이 오가며 일본과 무역이 이루어졌답니다. 하지만 고려 후기에는 왜구[1]들의 대대적인 침략으로 백성들이 큰 피해를 입게 되었고 일본과의 교류도 끊어지게 됩니다.

1) 왜구 : 약탈을 일삼던 일본 해적.

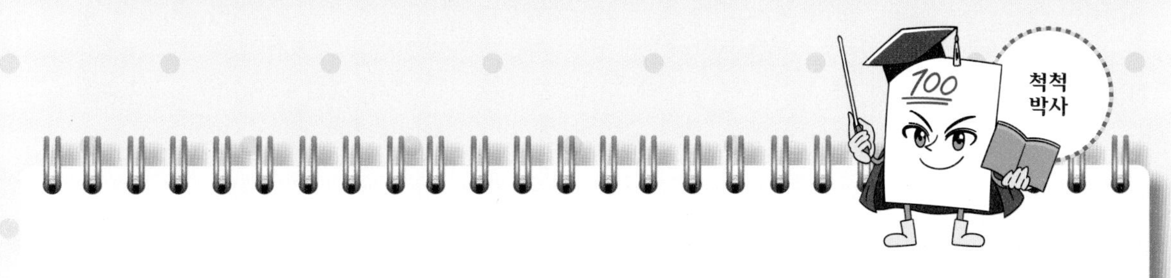

문제로 정리하기

1 거란이 고려를 침입한 까닭은 무엇입니까?

2 거란족을 물리친 고려의 장군은 누구입니까?

3 몽골에 끝까지 저항한 고려의 군대 이름은 무엇이었습니까?

정답 **1** 고려와 송의 관계 단절 **2** 강감찬 **3** 삼별초

9 고려 문화의 발달

1. 세계에 퍼진 이름, 코리아

★ 적극적인 대외 교류가 이루어지다

고려는 외국과 활발한 교류를 가졌어요. 송나라와의 문화적 · 경제적 교류가 가장 활발하였으며 거란, 여진, 일본은 물론 아라비아 상인과도 교류하였지요.

고려의 수도 개경 근처에는 벽란도[1]라는 국제적인 항구가 있었어요. **벽란도**는 중국 사신이나 상인들이 고려 수도 개경으로 들어가기 위해 이용한 곳입니다. 특히 고려의 축제인

1) 벽란도 : 황해도 예성강 하류에 있던 고려 시대의 국제 무역항.

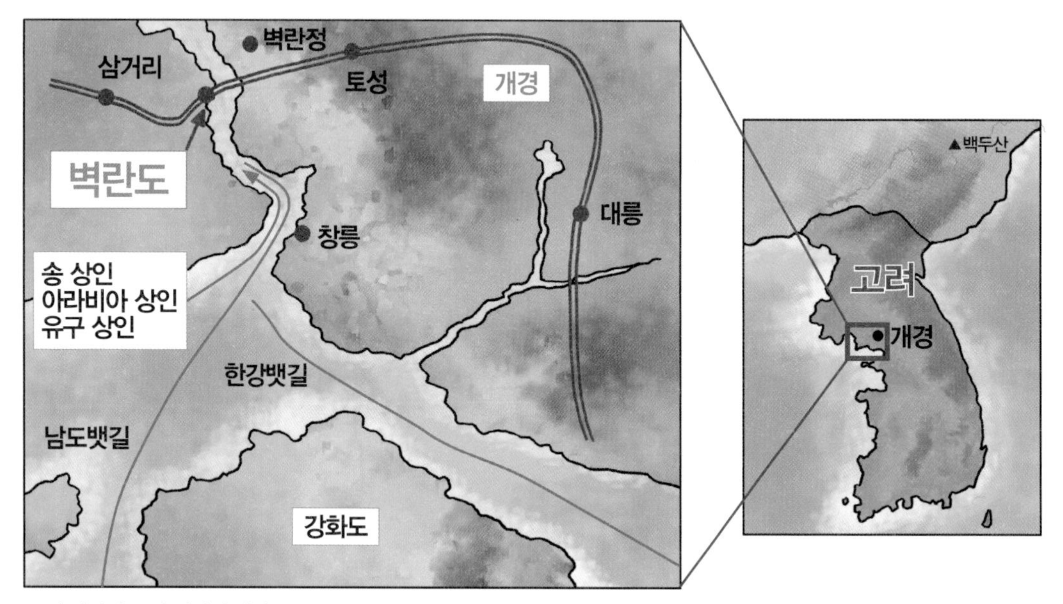

▲ 송나라와 고려 사이의 뱃길

고려와 송나라 사이에 바닷길을 이용한 이유는 송나라 북쪽에 요나라와 금나라가 있어 육로가 막혀 있었기 때문이에요.

팔관회[2]가 열리면 송의 상인은 물론이고 여진, 일본 등의 상인이 방문하여 왕에게 물품을 바치기도 하였어요. 이때 송나라에서 들여온 물품들은 왕실과 귀족들에게 필요한 비단과 책 등이었답니다. 대신 고려에서는 종이, 인삼 등을 수출하였어요.

2) 팔관회 : 고려시대 국가행사로 치러진 불교행사, 연등회와 함께 가장 큰 국가행사.

아라비아 상인들도 벽란도를 통해 고려에 들어와서 향료 등의 진귀한 물품을 팔았지요. 대식국이라고도 불리는 아라비아의 상인들은 몇 차례 고려에 왔는데, 한번에 100여 명의 상인이 올 정도로 규모가 컸답니다. 이들을 통해 고려가 **코리아**로 세계에 알려지게 되면서, 코리아가 현재까지도 우리나라를 부르는 이름이 된 것이죠.

▲ 아라비아 상인의 모습
아라비아 상인을 통하여 고려의 이름이 서양에 알려지게 되었어요.

고려 북방에 있는 거란, 여진과는 주로 육로를 통해 무역이 이루어졌어요. 거란의 침입으로 무역이 이루어지지 않았던 적도 많았지만 거란과 여진은 식량이 부족했기 때문에 고려에 말과 은, 모피 등을 가져와 곡식 등으로 바꾸어 갔지요.

한편, 고려는 일본과는 활발히 교류하지 않았습니다. 고려 초기에 일본은 주로 수은과 유황을 가져와 인삼, 곡식 등으로 바꾸어 갔어요. 그러나 고려 후기에 왜구라 불리는 일본의 해적들이 고려의 백성들을 많이 괴롭혔기 때문에 교류는 끊어지게 됩니다.

2. 뛰어난 인쇄술이 발전하다

▶ 〈YTN SCIENCE – 위대한 과학유산 금속활자〉

★ 세계 최초의 금속활자를 발명하다

고려 시대의 기술 중에서 가장 발달한 것은 **인쇄술**이었어요.

▶ 〈YTN SCIENCE – 책을 빠르게 간행하는 금속활자 제작과정〉

신라 때부터 발달한 목판 인쇄술은 고려 시대에 이르러 더욱 발달하였지요. 인쇄술은 과학 기술 분야의 하나로 고려의 기술은 세계적인 수준이었어요.

목판 인쇄술은 목판에 글을 새겨 한 가지의 책을 여러 권 인쇄하는 데는 좋았지만, 여러 가지의 책을 소량으로 인쇄하는 데에는 불편했어요. 이럴 때는 금속으로 만든 활자를 한 글자씩 합쳐서 인쇄하는 활판 인쇄술이 훨씬 유리하였지요. 그래서 고려에서는 일찍부터 활판 인쇄술의 개발에 힘을 기울여 **금속 활자 인쇄술**을 발명하였답니다.

▶ 〈YTN NEWS (2015.12.01.) – 개성 만월대에서 '금속 활자' 발견〉

고려 시대에 **세계에서 최초**로 금속 활자 인쇄술이 발명된 것은 목판 인쇄술의 발달, 청동을 다루는 기술의 발달, 금속 인쇄에 적합한 종이와 먹의 개발 등이 복합적으로 어우러진 결과였어요. 청주 흥덕사에서 만든 『**직지심체요절**』(1377)은 비록 프랑스 국립도서관에 있지만 2001년 유네스코 기록 유산으로 등록되어 현재 세상에 남아 있는 가장 오래된 금속 활자본으로 인정받고 있답니다.

인쇄술의 발달과 함께 제지술[1]도 발달하였어요. 전국적으로 종이 원료인 닥나무의 재배를 장려[2]하고, 종이 제조의 전담 관청을 설치하여 우수한 종이를 만들었어요. 그리하여 고려의 제지 기술은 더욱 발전하였으며, 질기고 희면서 앞뒤가 반질반질하여 글을 쓰거나 인쇄하기에 적당한 종이가 생산되었어요. 당시 고려에서 만든 종이는 중국에 수출되어 높은 평가를 받았습니다.

▲ 금속활자판

1) 제지술 : 종이를 만드는 기술.

2) 장려 : 좋은일에 힘쓰도록 북돋아 줌.

▶ 〈YTN NEWS (2016.01.24.) – 고려 시대 현존 최고의 금속 활자 모두 복원〉

★ 팔만대장경, 세계에서 가장 우수한 대장경으로 평가받다

▶ 〈연합뉴스TV – 가장 오래된 팔만대장경 판본 한국에 오다〉

고려는 불교 국가였어요. 그래서 부처님 말씀을 풀이해 놓은 대장경을 만들었지요. 먼저 현종 때 거란의 침입을 받았던 고려는 부처의 힘을 빌려 이를 물리치려고 대장경을 간행[1]하였어요(초조[2]대장경). 수십 년에 걸쳐 목판을 새겨 간행한 이 대장경은 아쉽게도 몽골 침입 때에 불타 버리고, 현재는 인쇄본 일부만 남아있어요.

1) 간행 : 책을 인쇄하여 펴내는 것.

2) 초조 : 처음 만듦.

몽골 침략으로 불타 없어진 초조 대장경을 대신하여 고종 때에는 사람들의 마음을 모으고 **부처님의 힘으로 몽골군을 물리치고자** 다시 대장경을 만들었어요. 담당 관청까지 설치하여 16년 만에 이룩한 재조[3]대장경은 현재 **합천 해인사**에 보존되어 있지요.

3) 재조 : 다시 만듦.

재조대장경은 8만 장이 넘는 목판이므로 **팔만대장경**이라고도 부릅니다. 팔만대장경은 방대한 내용을 담았으면서도 글자체가 아름답고, 잘못된 글자나 빠진 글자가 거의 없다고 해요.

▶ 〈문화재청 한국의 세계유산시리즈 – 해인사 장경판전〉

▲ 장경판전(해인사)
대장경판이 보관되어 있어요.

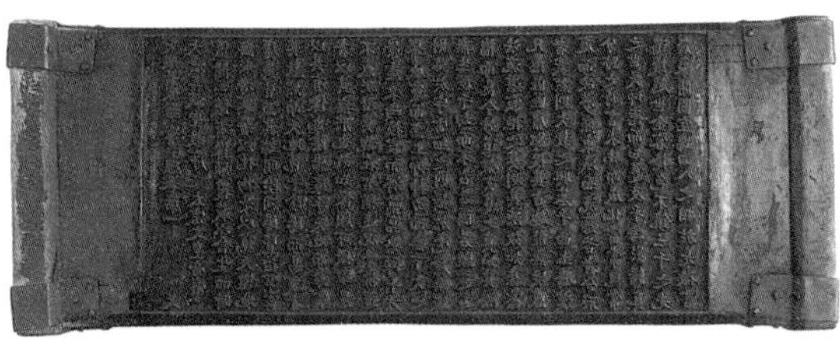

▲ 해인사 대장경판(경상남도 합천)

3. 화려한 귀족 문화가 발전하다

▶ KBS 한국의 유산 – 고려청자

★ 도자기 기술의 꽃, 고려청자가 탄생하다

고려자기의 대표적인 것은 순수 청자와 세계적으로 유명한 **상감 청자**가 있어요. 상감 청자는 표면에 무늬를 새기고 그 틈을 다른 흙으로 메운 후 유약을 발라 굽는 **상감기법**을 이용하여 만든 청자예요. 청자는 종류도 매우 다양하여 병 · 항아리 · 주전자 · 접시 · 연적[1] · 필통 · 향로[2] · 꽃병 등이 있어요. 심지어 베개나 의자, 바둑판까지도 청자로 만들었지요.

그 가운데 국화 · 연꽃 · 원앙 · 거북이 · 용 등 여러 동식물을 본떠 만든 향로 · 주전자 · 연적 등은 뛰어난 솜씨를 보여 줍니다.

1) 연적 : 벼루에 먹을 갈 때 쓰도록 물을 담는 그릇.

2) 향로 : 방에 향기를 내거나 제사 지낼 때 쓰기 위해 향을 피우는 그릇

▶ EBS 클립뱅크 – 고려청자의 우수성

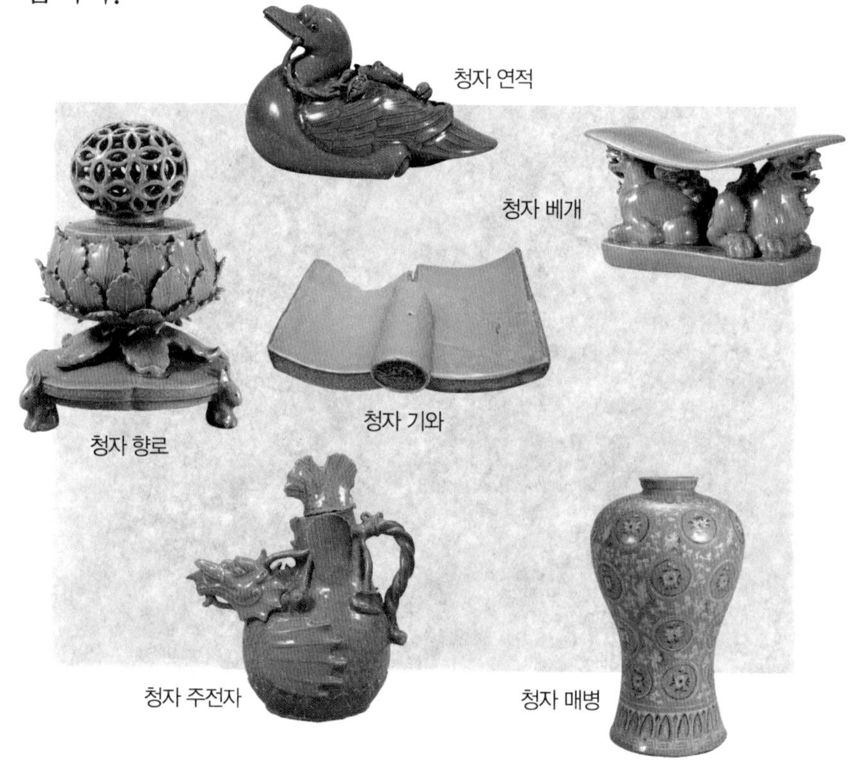

▲ 다양한 용도로 사용된 고려청자

★ 화려한 불화와 다양한 건축이 이루어지다

고려시대에는 화려한 불화[1]도 많이 그려졌어요. 유명한 혜허의 **수월관음도**를 비롯하여 다양한 불화가 남아있답니다. 또한 사람이 지나다니는 길목을 따라 논산의 **관촉사 석조 미륵보살 입상**과 같이 커다란 석불이 곳곳에 만들어졌고, 하남 하사창동 **철조 석가 여래 좌상**과 같은 대형 철불도 많이 제작되었지요.

또한 고려 시대에는 건축물 양식을 본뜬 다양한 형태의 석탑과 조형미가 뛰어난 승탑[2] 및 탑비[3]도 제작되었답니다. 오늘날까지 전해지는 고려의 목조 건축물로는 배흘림 기둥[4]과 주심포[5] 양식으로 만들어진, 영주 **부석사 무량수전**이 대표적입니다.

1) 불화 : 불교 그림. 주로 부처님을 그린 그림이 많음.

2) 승탑 : 돌아가신 스님의 시신을 화장하고 남은 유골을 보관하는 돌로 만든 탑.

3) 탑비 : 돌아가신 스님의 삶을 적은 비석.

4) 배흘림 기둥 : 중간이 굵고 위 · 아래로 가면서 점차 가늘게 된 형태의 건축물 기둥.

5) 주심포 : 고려 시대의 대표적인 건축 기법으로 기둥 위에 지붕을 떠받치도록 만든 장치.

▲ 수월관음도

▲ 하남 하사창동 철조 석가 여래 좌상 (국립중앙박물관)

▲ 논산 관촉사 석조 미륵보살 입상

▲ 여주 고달사지 승탑

▲ 개경 경천사지 십층석탑(국립중앙박물관)

▲ 영주 부석사 무량수전

▶ 문화유산채널
– 황금비율을 품다.
부석사 무량수전

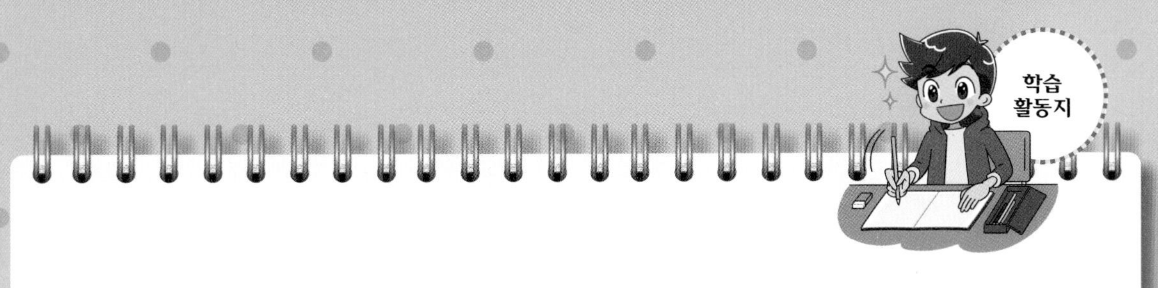

1 세계 속의 고려

1. 아래 지도는 1700년대에 그려진 세계 지도입니다. 우리나라를 찾아봅시다.

대식국(아라비아)에서 백여 명의 사람들이 와서 토산물을 바쳤다.

-「고려사절요」-

2. 고려를 다녀간 외국 상인들이 고려를 어떻게 소개하였을지 상상하여 이야기해 봅시다.

1 삼국사기와 삼국유사

고려는 건국 초부터 역사책을 편찬하였으나 거란의 침입으로 모두 불타 없어졌어요. 이후 **김부식**이 왕명을 받아 **『삼국사기』**를 편찬하였지요. 이 역사책은 오늘날 전해지는 가장 오래된 것으로 유교 입장에서 서술하였답니다.

이후 몽골의 침입을 극복하면서 올바른 전통문화를 이해하려는 경향에 따라 또 다른 역사책이 편찬되었는데, 그것이 **일연** 스님의 **『삼국유사』**랍니다. 이 역사책에서는 우리 민족의 시조를 단군이라 밝히고 있습니다.

같은 이야기도 저자에 따라서 이렇게 달라진다.

〈삼국사기〉제1권, 〈신라본기〉 제1 '시조 혁거세 거서간' 중에서

소벌도리가 어느 날 양산 기슭을 바라보니 나정 옆에 있는 숲에서 말이 무릎을 꿇고 울고 있었다. 가까이 가 보니 말은 사라지고 커다란 알이 있어 깨 보았다. 알에서 남자아이가 나왔는데, 소벌도리가 데려다 키우자, 열 살에 이미 기골이 장대해졌다.

〈삼국유사〉제1권, 〈기이〉제2 '신라 시조 혁거세왕' 중에서

기원전 69년 3월 초하루날, 여섯 마을의 어른들이 알천 둑에 모여 왕을 모셔 나라를 세우는 일을 의논하고 있었다. 그때 양산 밑 '나정'이라는 우물가에서 자줏빛 알을 발견했는데, 그 알에서 신라의 시조가 될 남자아이가 나왔다. 이 아이가 바로 혁거세다.

▶ 〈네이버 지식백과 – 한국사 개념사전 『삼국유사』와 『삼국사기』〉

2 『직지심체요절』을 찾아서

"『직지심체요절』이 훌륭한 유네스코 세계 기록유산으로 대접받게 되어 기쁠 따름입니다."

40여 년 전, 세계에서 가장 오래된 금속 활자 인쇄본인 **직지심체요절**을 처음으로 찾아내어 세상에 알린 박병선 박사가 남긴 말입니다. 1972년 프랑스 국립 도서관에서 근무하던 박병선 박사는 서고의 한구석에서 먼지를 뒤집어쓴 채 끼여 있던 직지심체요절을 발견하였어요. 그녀는 유네스코가 후원한 국제 도서 전시회에 이 책을 처음으로 소개하였답니다.

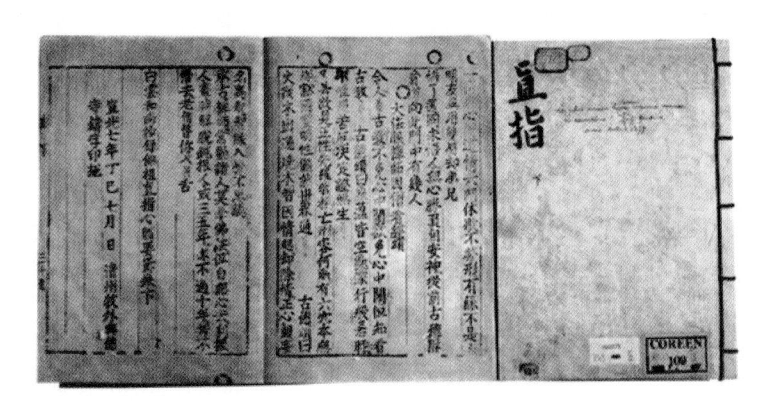

▲ 직지심체요절(1377년)
유네스코 세계 기록유산으로 등재되었으며, 현재 프랑스 국립 도서관에 보관되어 있어요.

▶ 〈KBS 한국의 유산 – 직지심경과 박병선〉

▶〈직지심체요절 (유네스코 등재)〉

▶ 〈KBS NEWS (2014.03.19.) – "『직지』 돌려주세요"… 직지 찾기 나선 미국인〉

③ 화약 제작자, 최무선

고려는 유달리 외적의 침입을 많이 받았어요. 거란과 여진에 이어서 최대의 위기를 가져다준 몽골도 모자라 그 후에는 홍건적과 왜구의 침입까지 받게 되었죠. 왜구는 주로 대마도에 근거를 두고 고려와 중국의 해안가에 배를 타고 와 약탈을 일삼던 해적들을 뜻해요.

최무선은 왜구의 침입을 물리치는 데에 **화약 무기**를 사용하려 하였어요. 이 시기에 중국의 원나라에서는 이미 화약 무기가 만들어져 쓰이고 있었죠. 그러나 원나라에서는 화약 제조 기술을 비밀에 부쳐서 고려에서는 이를 알 수 없었지요.

그러나 최무선은 끈질기게 노력하여 화약 제조법을 터득하였어요. 이에 고려는 화통도감이라는 관청을 설치하고 최무선을 중심으로 화약과 화포를 제작하게 됩니다. 화포와 다양한 화약 무기의 연구로 얼마 후에는 20종에 가까운 화약 무기가 만들어졌지요. 최무선은 이 화포를 이용하여 진포(금강 하구)대첩에서 왜구를 크게 무찔렀답니다.

▲ 최무선 동상(전북 군산 진포대첩 기념비)

▶ 〈NATV 국회방송 한국의 정신 – 최무선〉

▶ 〈EBS 역사채널e – 하늘을 달리는 불〉

4 따뜻한 선물 목화? 고려의 의생활

오늘날 우리들이 가장 즐겨 입는 옷감은 '면'이에요. '무명'이라고도 불리는 '면'은 목화로 만든 옷감이랍니다. 지금은 흔하지만 고려 시대 **문익점**이 **목화씨**를 들여오기 전까지 우리 조상들은 면을 알지 못했습니다. 그 전에 사람들은 삼베, 모시, 비단 등으로 옷을 지어 입었지요.

▲ 면화(목화)
문익점이 처음 목화를 가져와 심었다고 전해져요.

삼베나 모시는 여름에는 입기 좋았지만 겨울이 되면 추위를 막기 곤란했어요. 비단은 귀하고 값이 비싸 귀족이나 부자만 입을 수 있었기 때문에 백성들은 삼베옷을 여러 겹 겹쳐 입고 힘들게 겨울을 지내야만 했어요.

이런 상황에서 문익점이 가져온 목화씨를 심어 목화를 재배하여 무명옷을 입게 되면서 의생활은 획기적으로 변화하게 됩니다. 고려 사람들은 목화를 기르고 목화로 천을 짜 옷을 지어 입을 수 있게 된 것이죠. 또 목화로 솜을 만들어 솜옷과 솜이불을 가지고 겨울을 따뜻하게 보낼 수 있었답니다.

전해 내려오는 이야기로는 목화에서 씨를 빼는 도구인 **씨아**, 실을 만드는 **물레**, 실로 천을 짜내는 **베틀** 모두 문익점 집안에서 만든 것이라 합니다.

만약 문익점이 백성들의 삶을 생각하여 목화를 들여오지 않았다면 얼마나 더 오래 추운 겨울을 보내야 했을까요?

▶ 〈EBS 역사가 술술
– 목화씨를 들여온 문익점〉

▲ 물레 – 목화솜에서 실을 뽑아내는 기계로
문익점의 손자인 문래가 발명했다고 전해져요.

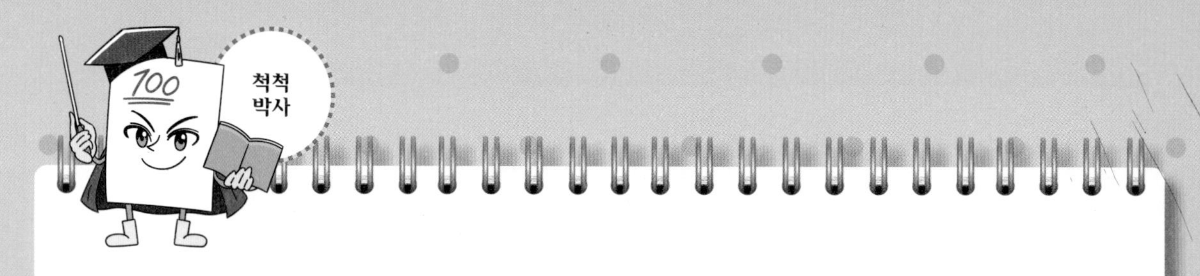

문제로 정리하기

1 우리나라가 '코리아'로 불리게 된 까닭은 무엇입니까?

2 금속 활자의 장점은 무엇입니까?

3 팔만대장경을 만든 이유는 무엇이었을까요?

4 고려 시대에 유행한 푸른빛을 띠는 도자기를 무엇이라고 합니까?

정답 1 고려가 아라비아와 교역하면서 상인들에 의해 유럽에까지 그 이름이 전해짐. 2 활자를 조합하여 인쇄할 수 있음. 3 불교의 힘으로 나라를 지키기 위하여 4 고려청자

MEMO

10 고려 후기 사회와 고려의 멸망

1. 원의 간섭에 맞서 반원 개혁 정치를 펴다

★ 원의 간섭이 심해지고 권문세족이 등장하다

몽골(원)과의 항전에서 강화를 맺은 고려는 이후 원나라로부터 여러 가지 간섭을 받았어요. 원은 고려의 제도와 풍속을 인정하면서도, 고려에 대해 그들의 영향력을 확대하고자 했지요.

원은 고려의 영토 중에 북쪽 지역에는 **쌍성총관부**를 설치하고, 삼별초의 항쟁이 끝난 후에는 제주도에 **탐라총관부**를 설치하여 몽골 관리를 두고 다스리게 했답니다. 그리고 고려의 정치 제도를 마음대로 뜯어고치고 모든 관제[1]를 원나라보다 낮추도록 했습니다.

고려는 80여 년 동안 원나라의 간섭을 받으면서 변발[2], 몽골식 복장, 몽골어 등 몽골식 풍습이 궁중과 지배층을 중심으로 널리 퍼졌어요. 이를 **몽골풍**이라고 합니다. 특히 이때 몽골로부터 들어왔던 족두리, 연지와 은장도 등은 지금까지도 우리나라에 그대로 남아 있는 것이라 할 수 있지요.

고려 사람이 몽골에 건너간 숫자도 적지 않았어요. 이들은 대부분 전쟁 포로로 끌려갔거나 몽골의 강요에 따라 어쩔 수 없이 가게 된 사람들이었답니다. 이들에 의하여 고려의 의복, 그릇, 음식 등 고려 풍습이 몽골에 전해졌는데, 이를 **고려양**이라 해요.

1) 관제 : 국가의 행정 조직.

2) 변발 : 만주족이나 몽골인의 풍습으로, 남자 머리의 뒷부분을 남기고 나머지 부분을 깎아 뒤로 길게 땋아 늘인 머리.

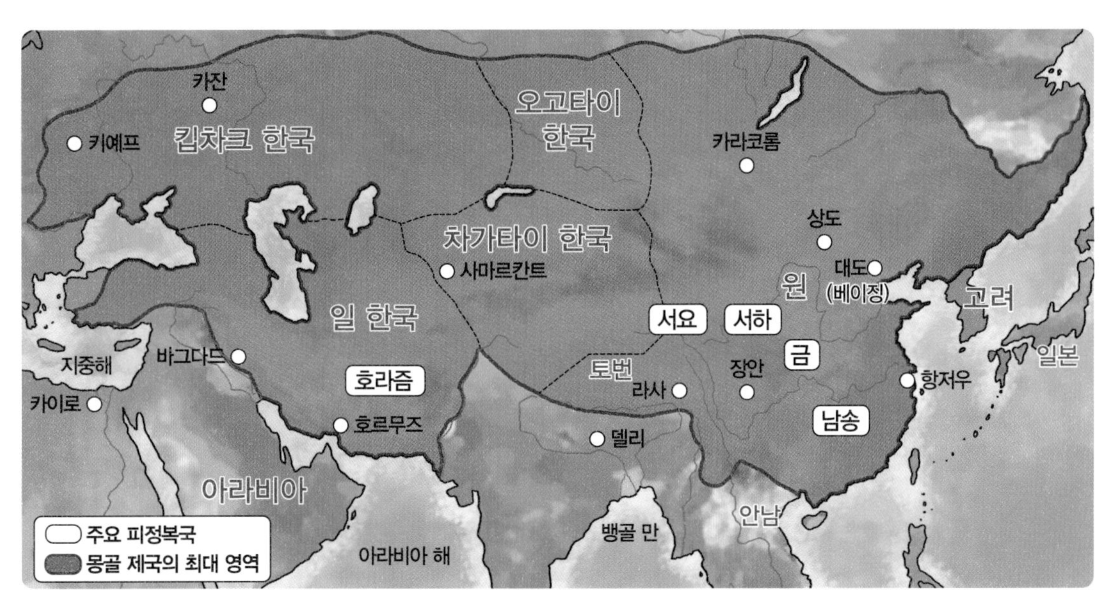

▲ 원나라의 전성기

고려의 임금들도 원나라와 강화를 맺은 후부터 원나라 공주와 결혼해야만 했어요. 즉, 원나라 황제의 사위가 되었던 거예요. 그리고 왕 이름에도 '충(忠)'자를 붙여 원나라에 충성할 것을 강요받았답니다. 고려의 왕 중 충렬왕, 충선왕,

▲ 옷고름에 차는 작은 칼 장도

▲ 신부 머리에 올리는 족두리

▲ 농악, 불교음악 등에서 다양하게 연주되는 태평소

▶ 〈EBS 역사채널e
– 공녀, 백 년의 눈물 1부〉

충목왕 등이 그 예입니다.

또 원나라는 해마다 수많은 재물을 바치라고 요구했는데, 그 재물들이 대부분 백성들의 세금이었답니다. 게다가 원나라는 재물만 바란 것이 아니었어요. 원나라의 여러 가지 요구 중에서 여자를 뽑아 원나라로 보내는 **공녀**는 고려에 심각한 사회 문제를 가져왔어요. 1275년(충렬왕 1년) 10명을 보낸 것을 시작으로, 이후 수많은 여자를 원나라로 보냈답니다.

공녀를 뽑을 때 충렬왕은 나라 안의 혼인을 금지하기도 했어요. 공녀는 주로 13세에서 16세까지의 처녀를 대상으로 했거든요. 그리하여 백성들 사이에서는 10살이 되면 혼인을 서두르는 조혼[1]의 풍습이 생기기도 했어요. 원나라에 간 공녀들 가운데에는 기황후 같이 황제의 부인이 된 사람도 있었지만 일부는 시장에서 노비로 사고 팔리기도 했었다니 정말 마음 아픈 일이지요.

1) 조혼 : 어린 나이에 일찍 혼인함.

▲ 기황후(원나라 혜종의 황후)

이렇게 원나라의 간섭이 심해지자 많은 사람들이 하루빨리 원을 몰아내야 한다고 생각했어요. 공민왕 등도 원나라로부터 벗어나기 위해 여러 모로 노력했죠. 하지만 원나라 덕분에 잘나가는 사람들도 있었어요. 그들은 원나라를 등에 업은 관리, 통역하는 사람 등이었지요. 이들 가운데 일부는 이전 고려 귀족들과 힘을 모아 새로운 지배세력으로 등장하기도 하였는데, 그들을 **권문세족**이라고 부른답니다.

이들 권문세족은 대부분 원의 세력에 빌붙어 권력을 누린 경우가 많았기 때문에 능력보다는 가문의 배경이 출세의 기준이 되었습니다. 그러니 권문세족들은 자신의 영향력이 줄어들기 전에 재빨리 재산을 모아야 한다고 생각하여 땅을 늘리는 데 온갖 방법을 다 동원했어요. 심지어 주인이 있는

▶ 〈EBS 역사채널e
– 공녀, 백 년의 눈물 2부〉

땅까지도 강제로 빼앗으며 자신의 땅을 엄청나게 넓혀 갔답니다.

★ 공민왕이 개혁 정치를 펴다

14세기 중반에 이르러 원이 약해지고 중국에 **명나라**가 새롭게 등장하면서 **공민왕**은 이때를 원의 간섭에서 벗어날 수 있는 기회라고 생각했어요. 결국 공민왕은 때를 놓치지 않고 **원나라에 대항한 개혁**을 추진했답니다.

▶ 〈EBS 5분사탐 한국사 – 고려의 자주성을 되찾다. 공민왕〉

나라 밖으로는 원나라의 간섭에서 벗어나 자주적인 국가를 만들려고 했고, 나라 안으로는 권문세족을 누르고 왕권을 강화하고자 했지요.

그리하여 공민왕은 원나라가 정치를 간섭하던 기관인 정동행성을 없애고 기황후의 오빠인 기철과 같은 친원 세력을 몰아냈어요. 이어 원나라에 의해 강제로 바뀌었던 고려의 관제를 다시 회복했고, 지금까지 사용하던 원나라의 연호[1]와

1) 연호 : 군주시대에 왕이 자신이 통치하기 시작한 해에 붙이는 칭호.

▲ 공민왕과 노국공주

▲ 공민왕릉과 노국공주릉(개성)

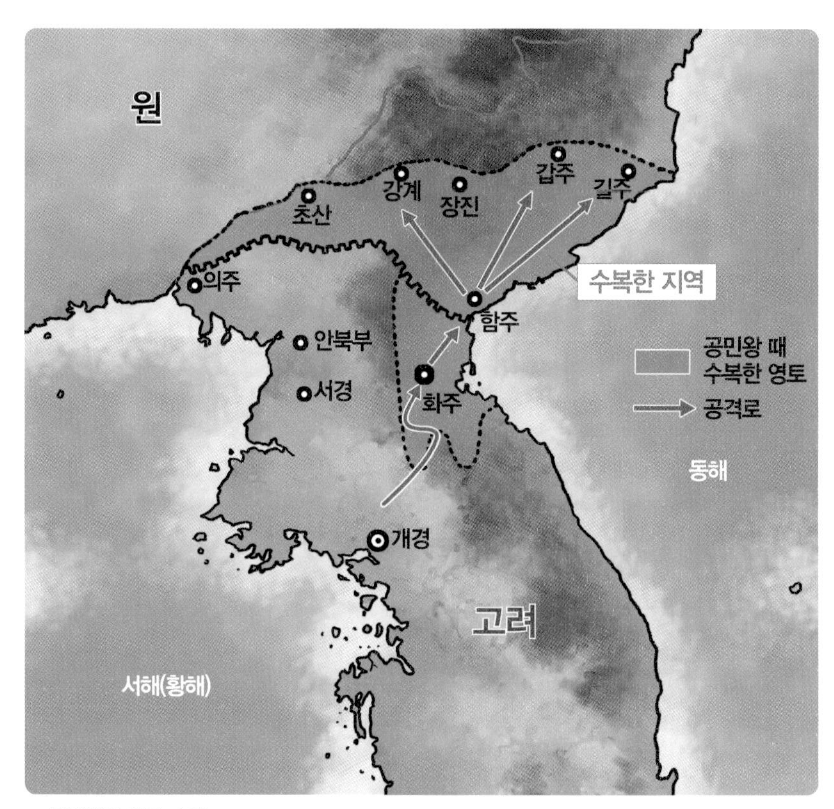

▲ 공민왕의 영토 수복

변발, 몽골 복장 등 몽골 풍속을 금지시켰지요. 또 군대를 보내 쌍성총관부를 공격하여 북쪽의 영토를 회복했어요.

또한 공민왕은 강력한 개혁 정치를 추진하여 권문세족이 부당하게 빼앗은 땅과 노비들을 원래 주인에게 돌려주거나 일반 백성으로 해방시켰지요. 이러한 개혁은 권문세족의 힘을 약하게 하려는 의도에서 이루어졌습니다.

공민왕의 이러한 개혁 조치는 백성의 환영을 받았으나 권문세족의 반발로 공민왕이 죽임을 당하면서 중단되고 말았습니다. 공민왕의 개혁 정책이 실패하자, 고려 사회의 문제점은 더욱 심해졌어요. 권문세족이 정치권력을 독점하여 정치는 제대로 이루어지지 못했고 백성의 생활은 극도로 어려워져 갔답니다.

2. 이성계, 새로운 국가를 꿈꾸다

★ 이성계, 위화도에서 군대를 돌리다

고려 말, 중국에서는 원나라가 무너져가고 새로 명나라가 들어섰어요(1368년). 명나라는 예전 원나라의 땅은 모두 자신들의 것이라며, 고려에 원나라로부터 되찾은 땅을 돌려달라고 요구했어요. 당시 고려 최고의 실력자이자 뛰어난 장군이었던 **최영**은 명나라의 무리한 요구를 들어주지 말고 먼저 요동[1]으로 쳐들어갈 것을 주장합니다.

대부분의 신하들이 최영의 의견에 반대했지만, 고려 임금 우왕은 요동 정벌[2]을 결정했어요. 군대를 이끌 장군으로는 **이성계**가 뽑혔지요. 이성계는 최영과 함께 고려 최고의 장군으로 꼽히던 사람이었어요. 하지만 사실 이성계는 요동 정벌에 대해 반대의 뜻을 품고 있었답니다.

요동을 공격하라는 명령을 받자 이성계는 어쩔 수 없이

1) 요동 : 중국의 요하라는 강의 동쪽에 있는 지역입니다. 우리나라에서 중국으로 가는 길목.

2) 정벌 : 적을 힘으로써 물리치는 것.

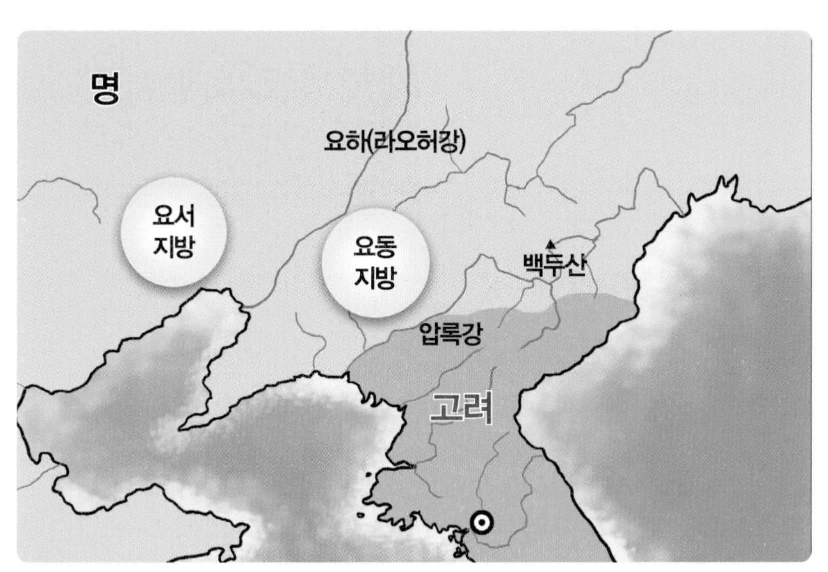

▲ 요동지역

1) 위화도 : 압록강 하구에 있는 섬.

군대를 이끌고 개경을 떠나 압록강의 위화도[1]라는 섬까지 나아가게 됩니다. 거기서 고려군은 장마를 맞게 되지요. 계속 내리는 비에 고려군은 더 이상 움직일 수 없는 상황에 처합니다.

이때 이성계는 결심을 내려 우왕의 명령을 어기고 위화도에서 군사를 돌려 개경으로 쳐들어옵니다. 이 사건을 가리켜 **위화도 회군**이라고 하지요(1388년).

▶ 〈EBS 역사가 술술 – 이성계의 위화도 회군〉

★ 고려를 지키는 자와 새로운 나라를 세우려는 자가 서로 다투다

▲ 이성계 어진 – 어진은 임금님의 모습을 그린 그림을 말합니다.

위화도에서 돌아온 이성계는 우왕을 내쫓고 새로 왕을 세웠으며, 자신의 경쟁자였던 최영 또한 물리쳤어요. 이성계가 고려 최고 권력자로 떠오르자 그의 주변에는 새로운 생각을 가진 사람들이 모여들었습니다.

▶〈NATV 국회방송 한국의 정신 – 최영〉

그들 중에는 새로운 유학인 성리학[2]을 배운 학자들과 관리들이 많았지요. 이들을 가리켜 **신진사대부**라고 합니다. 신진사대부들 중에 **정도전**과 같은 사람들은 도저히 고려에 희망이 없다고 여기고, 고려를 무너뜨리고 새로운 나라를 세우고자 했어요. 그들은 새로운 나라의 임금으로 이성계를 모시고자 하였습니다.

2) 성리학 : 송나라 때 주자가 일으킨 새로운 유학. 고려 시대 때 원나라에서 들어옴.

한편 고려에 끝까지 충성을 하고자 하는 사람들도 있었습니다. **정몽주**는 고려 말의 학자로 유능한 관리이기도 하였지요. 그는 정도전이 이성계와 손잡고 고려를 무너뜨리려는 것을 알고 이를 막기 위해 노력합니다. 결국 고려의 신하들은 새로운 나라를 세우려는 사람들과 고려를 지키려는 사람들로 나누어지지요.

▶ 〈EBS 역사가 술술 – 고려의 마지막 충신, 정몽주〉

▶ 〈NATV 국회방송 한국의 정신 – 정몽주〉

이에 이성계의 아들 **이방원**은 사람을 시켜 정몽주를 개성의 한 다리 위에서 죽이는데, 이 다리가 **선죽교**입니다. 정몽주의 죽음으로, 고려를 끝까지 지키고자 했던 사람들이 힘을 잃고 말아요.

결국 고려는 망하게 되고 이성계에 의해 새로운 나라 조선이 세워지게 됩니다(1392년).

▲ 정몽주 초상
(국립중앙박물관)

▲ 선죽교(개성) – 정몽주가 죽임을 당한 다리.

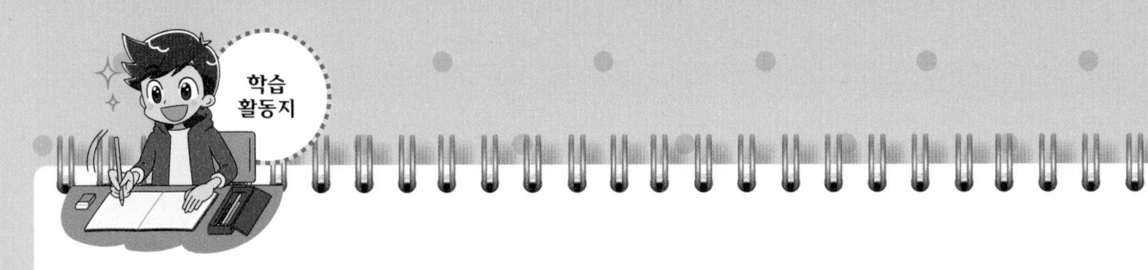

1 만약 내가 왕이라면?

1. 고려의 공민왕이 남긴 말을 보고, 공민왕의 입장에서 원나라의 편에 서 있던 신하에게 할 수 있는 말을 해 봅시다.

왕(공민왕)이 원 나라의 연호의 사용을 중지시키면서 교서(왕의 명령을 담은 글)를 내렸다. “근래에 나라의 풍속이 크게 바뀌어 오직 권세(권력)만을 추구하게 되었으니, 기철 일당이 권세를 믿고 나라의 법도를 뒤흔드는 일이 벌어졌다. …… 법(령)을 다듬어 명확히 하고 기강을 정돈함으로써 조종(고려 왕실)이 세운 법을 회복하여 온 나라 백성들과 함께 새롭게 시작하고자 한다.”

2. 내가 조선의 이성계라면 왕으로서 백성들을 위해 펼칠 수 있는 정책을 적어 봅시다.

❶

❷

❸

❹

1 기황후, 원나라의 역사에 등장하다

▲ 기황후

기황후는 고려 출신으로 이름은 알려지지 않고 있어요. 기씨의 성씨를 따 후에 기황후라고 부르게 된답니다. 기황후는 공녀로 원나라에 가게 되는데 이곳에서 고려 출신 관리인 고용보를 만나게 돼요. 고용보는 같은 고려인 기황후를 황실에 적극 추천하여 궁녀로 들여보내게 됩니다. 그 후 원나라 황제 혜종의 눈에 띈 기황후는 그의 사랑을 받게 되지요.

사실 혜종은 고려에 특별한 감정이 있었다고 해요. 그는 원나라의 권력 투쟁에 휘말려 1년 5개월 동안 고려의 작은 섬인 대청도(인천 서쪽)에 유배된 적이 있었습니다. 2년 뒤 다시 원나라로 돌아가 황제가 되었지만 고려에서 보낸 힘들었던 시간들이 그에게는 잊지 못할 그리움으로 남아 있었지요. 그래서 더욱 고려인 기황후에 관심을 보였을지도 모릅니다.

하지만 혜종은 원나라의 권력자의 딸과 정략 결혼을 하게 되고, 정식 황후[1]는 그 나라 사람이었습니다. 하지만 이후 기황후는 황제의 아들을 낳게 되고 제2황후로 책봉이 됩니다. 혜종의 무한한 총애[2]를 받으며 권력을 장악한 기황후는 자신의 반대 세력을 몰아내고 자신의 친족을 주요 관직에 임명하며 세력을 더욱 키우지요.

---

1) 황후 : 황제의 정실 부인

2) 총애 : 남달리 귀엽게 여겨 사랑함.

결국 정식 황후가 죽자 기황후는 제1황후가 되었어요. 하지만 이때 원나라는 홍건적의 난을 비롯한 농민들의 난이 여기저기 발생하였고, 결국 1368년 주원장이 명나라를 세우면서 멸망하게 됩니다. 혜종은 피란 중에 죽음을 맞이하게 되고, 기황후의 아들이 북원의 황제가 되지만, 그도 얼마 지나지 않아 죽게 되지요. 기황후에 대한 최후의 기록은 명나라의 포로로 잡혀간 것이에요. 이후의 기록은 남아 있지 않아요.

한편 고려에서는 기황후를 배경으로 막강한 권력을 행사하며 나쁜 짓을 일삼던 기씨 형제들이 공민왕의 반원 개혁 정책으로 죽임을 당하게 됩니다. 이에 화가 난 기황후는 혜종을 시켜 공민왕을 몰아내고자 고려에 원나라 군사들을 보내 공격합니다. 하지만 고려는 최영과 이성계 장군의 활약으로 원나라의 침략을 막아 냈지요.

▲ 기황후 릉(경기, 연천) – 기황후의 묘로 추정되지만 확실하지는 않아요.

2 사극의 단골손님, 이방원과 정몽주

정몽주 : 이 몸이 죽고, 죽어서
백 번을 다시 죽는다고 해도
죽고 남은 뼈가 흙으로 변해
내 영혼이 남아 있건 없건
고려를 향한 나의 충성심으로
결코 변하지 않을 것입니다.

이방원 : 이런들 어떻습니까?
저런들 어떻습니까?
산의 칡뿌리가 서로 복잡하게
얽혀져 있지만 잘 살지 않습니까?
우리도 칡뿌리가 얽히듯이 손잡고
오랫동안 함께하면 좋지 않겠습니까?

사실 이방원과 정몽주가 시를 주고받았던 이야기는 멀리서는 '용의 눈물'부터 가깝게는 '육룡이 나르샤'까지, 고려 후기를 그린 사극에서는 빠지지 않고 등장한 '단골' 장면입니다. 그럼에도 불구하고 이 장면은 방송될 때마다 큰 화제를 불러일으켰어요. 그 이유가 무엇이었을까요?

정몽주의 죽음은 고려가 멸망하고 조선이 건국되는 데 가장 중요한 역사적 사건으로 등장합니다. 당시 이성계는 고려를 유지하려던 마음을 접고 새로운 나라를 건국하려고 마음먹은 상황이었지요. 이때 가장 걸림돌이 되는 사람이 바로 정몽주였습니다. 개혁이라는 틀에서는 이견이 없었지만 새로운 나라를 만드는 데는 결사 반대를 한 정몽주는 이성계 일파를 제거하기 위한 작업에 돌입했고, 위기감을 느낀 이방원이 사람을 시켜 정몽주를 죽인 것입니다.

정몽주가 죽은 후 더 이상 버틸 힘이 없어진 고려는 그대로 내리막길을 걸었고 이성계는 조선의 초대 왕으로 등극하게 됩니다. 이렇듯 역사적으로 중요한 장면이기에 시청자들은 관심을 가질 수밖에 없는 것입니다.

▲ 정몽주의 묘 (경기, 용인)

▶ 〈SBS 드라마 육룡이 나르샤 (2015–2016)속 이방원과 정몽주〉

문제로 정리하기

1 고려에서 여자아이가 혼인을 서두르는 조혼의 풍습이 생겨난 이유는 무엇인가요?

2 원나라의 간섭으로부터 벗어나기 위해 노력한 고려의 왕은 누구인가요?

3 이성계가 조선을 건국할 수 있는 결정적 계기가 된 사건은 무엇인가요?

정답 **1** 원나라가 공녀를 요구했기 때문에 **2** 공민왕 **3** 위화도 회군

집 필 진 김경수(계성초등학교)
김충배(계성초등학교)
장성익(서울봉현초등학교)
이동규(서울신도초등학교)
이민형(백암초등학교)
검　토 김인덕(청암대학교)
송미화(국립 국제교육원)
감수 및 사진 故장득진(前국사편찬위원회 편사연구관)

발 행 인 최병식
펴 낸 날 2021년 10월 11일
펴 낸 곳 주류성출판사
주　소 서울특별시 서초구 강남대로 435 주류성빌딩 15층
전　화 02-3481-1024(대표전화)
팩　스 02-3482-0656

값 14,000원

ISBN 978-89-6246-450-4 64910
ISBN 978-89-6246-449-8 64910(세트)
